Alternativen zum Kapitalismus

Realität der Utopie 2

Robin Hahnel / Erik Olin Wright

Alternativen zum Kapitalismus

Vorschläge für eine demokratische Ökonomie

BERTZ + FISCHER

Bibliografische Information
der Deutschen Nationalbibliothek
Die Deutsche Nationalbibliothek verzeichnet diese
Publikation in der Deutschen Nationalbibliografie;
detaillierte bibliografische Daten sind im Internet
über http://dnb.dnb.de abrufbar.

Umschlaggestaltung:
D. B. Berlin

Übersetzung aus dem Englischen:
D. F. Bertz | Maurice Lahde

Die englischsprachige Originalausgabe erschien
unter dem Titel *Alternatives to Capitalism:
Proposals for a Democratic Economy* als E-Book von
New Left Project (www.newleftproject.org).

Franz-Mehring-Platz 1, 10243 Berlin
Druck und Bindung: Standartų spaustuvė
www.standart.lt, Vilnius, Litauen.
ISBN 978-3-86505-734-1

Inhalt

Vorwort

Armut, Ausbeutung, Instabilität, Umweltzerstörung und Klimakrise, extreme Ungleichverteilung von Reichtum und Macht – die vielen Ungerechtigkeiten und katastrophalen Mängel des Kapitalismus aufzuzählen ist nicht schwer. Aber gibt es eine bessere und machbare Alternative? Wie könnte eine funktionsfähige, freie und demokratische Gesellschaft aussehen?

Alternativen zum Kapitalismus: *Vorschläge für eine demokratische Ökonomie* stellt zwei solcher Möglichkeiten in Form einer Debatte vor: Robin Hahnels »partizipatorische Ökonomie« und Erik Olin Wrights »realutopischen« Sozialismus. Es ist eine detailgenaue, manchmal etwas technisch anmutende Diskussion, mit der eine sorgfältige Auseinandersetzung dennoch lohnt. Wer sich darauf einlässt, der wird, so hoffen wir, einige zentrale Themen und Probleme beleuchtet finden, die für jede ernsthafte Bemühung, eine bessere Welt zu schaffen, von entscheidender Bedeutung sind.

Aber macht es überhaupt Sinn, über Alternativen zum Kapitalismus nachzudenken? Es gibt innerhalb der Linken eine Tradition, das zu bezweifeln. Solche müßigen Spekulationen, heißt es, lenkten nur ab von dem, was wirklich wichtig sei: den Kämpfen im Hier und Jetzt, die die Grundlage für jedwede emanzipatorische Zukunft überhaupt erst schaffen. Eine bereits vorgefertigte Vision einer nachkapitalistischen Gesellschaft dagegen liefe Gefahr, diesen Kämpfen ihre Kreativität und Experimentierfreude zu nehmen.

Es gibt jedoch ein überzeugendes Argument, warum ein visionärer Ansatz radikale Politik vielmehr beleben und stärken könnte. Die mächtigsten Bewegungen der Linken im 20. Jahrhundert sind damit gescheitert, eine erstrebenswerte Alternative zum Kapitalismus hervorzubringen. Sie mündeten entweder im autoritären, etatistischen »real existierenden Sozialismus« der Sowjetunion und ihrer Satellitenstaaten oder im »humanisierten Kapitalismus« der Sozialdemokratie. In der Folge fiel es selbst radikalen Bewegungen schwer, sich die erfolgreiche Überwindung des Kapitalismus überhaupt vorzustellen. Eine Linke dagegen, die sich auf eine gemeinsame Vision stützen kann, könnte die Zuversicht und die strategischen Perspektiven entwickeln, die heute so auffallend fehlen. Das würde nicht nur die Aussichten verbessern, eine postkapitalistische Zukunft herbeizuführen. Eine Linke, die die herrschende Ordnung tatsächlich bedroht, wäre auch in der Lage, wichtige Reformen innerhalb des Kapitalismus durchzusetzen.

In diesem Buch kommen zwei Autoren zusammen, die, motiviert durch solche Überlegungen, systematisch über alternative Modelle einer postkapitalistischen Gesellschaftsordnung nachgedacht haben. Robin wie Erik begannen mit ihren Arbeiten in den 1990er Jahren, als der Untergang des realen Sozialismus eine neue Ära des kapitalistischen Triumphalismus einläutete. Robin und sein Mitstreiter Michael Albert knüpften an Ideen aus der libertären sozialistischen Tradition des 20. Jahrhunderts an – unter anderem von Rätekommunisten, Anarchosyndikalisten und Teilen der Neuen Linken –, um ein plausibles antikapitalistisches Wirtschaftsmodell zu entwickeln, das als »partizipatorische Ökonomie« bekannt ist. Dieses System verzichtet auf die zentralen Merkmale einer kapitalistischen Wirtschaft – Märkte, Privateigentum und hierarchische Arbeitsteilung – und schlägt stattdessen ein System der partizipatorischen Planung, des gesellschaftlichen Eigentums und der egalitären Arbeitsteilung vor. In seinem Buch *Of the People, By the People: The Case for a Participatory Economy* (2012) legt Robin eine umfassende, zugängliche und verfeinerte Darstellung seines Modells vor.

Erik initiierte in den 1990er Jahren das *Real Utopias Project* und gab mehrere Bücher heraus, in denen Vorschläge für emanzipatorische institutionelle Einrichtungen erörtert und bewertet wurden, und veröffentlichte schließlich seinen eigenen Beitrag *Envisioning Real Utopias* (2010; dt.: *Reale Utopien. Wege aus dem Kapitalismus*; 2017). Das bei Weitem ehrgeizigste Buch der Reihe, zum Teil entstanden während einer vierjährigen Vortragsreise durch 18 Länder, skizziert eine neuartige Form des Sozialismus, die im Konzept der »gesellschaftlichen Ermächtigung« verankert ist, stellt zahlreiche institutionelle Konfigurationen vor, die seine Verwirklichung erleichtern könnten, und diskutiert Strategien der gesellschaftlichen Transformation.

In *Alternativen zum Kapitalismus* diskutieren Erik und Robin die Tragfähigkeit der in ihren beiden Büchern entwickelten Ideen. Das Ergebnis ist eine Debatte, die nicht nur eine ganze Reihe von Themen aus Ökonomie, Gesellschaftstheorie und Geschichte abdeckt, sondern auch einen seltenen Grad an Tiefe und Gründlichkeit erreicht, wenn es um entscheidende Fragen und Probleme der Ausgestaltung einer nachkapitalistischen Ökonomie geht.

New Left Project

Robin Hahnel

Plädoyer für eine partizipatorische Ökonomie

Die neugierige Jane: Okay, du lehnst also den Kapitalismus ab. Aber was willst du denn stattdessen?
Eine moderne Antikapitalistin: Jedenfalls keinen bürokratischen Kommunismus im alten Stil!
Die neugierige Jane: Ja, gut ... aber was *willst* du denn nun?
Eine moderne Antikapitalistin: Ich will ein Wirtschaftssystem, das auf Wirtschaftsdemokratie, ökonomischer Gerechtigkeit und Solidarität beruht, ohne auf ökonomische Effizienz zu verzichten.
Die neugierige Jane: Wer will das nicht! ... Aber die Begriffe, die du nennst, werden ja unterschiedlich benutzt. Kannst du das konkretisieren?
Ein Befürworter der partizipatorischen Ökonomie: Ja, das kann ich – und du hast völlig recht, wenn du hier eine Klarstellung willst. Denn wegen der verschiedenen Auffassungen dieser Begriffe gibt es oft unterschiedliche Meinungen, wie man ein Wirtschaftssystem am besten organisiert. Mit *Wirt-*

schaftsdemokratie meine ich, dass die Entscheidungsbefugnisse, die jemand hat, dem Maß entsprechen, wie er oder sie von einer Entscheidung betroffen ist. *Ökonomische Gerechtigkeit* heißt, dass sich die Entlohnung nach Anstrengung oder Arbeitsaufwand bemisst. Unter *Solidarität* verstehe ich die Sorge um das Wohl der anderen. Und ökonomische *Effizienz* schließlich meint den Gebrauch knapper Produktionsfaktoren in sozial und ökologisch optimaler Weise. Dabei dürfen die hart erbrachten Arbeitsleistungen nicht verschwendet werden.

Die neugierige Jane: Das ist ja alles schön und gut … Ich bin mir zwar nicht sicher, ob ich mich all deinen Definitionen anschließen würde, aber wenn wir das mal annehmen: Wie soll die Wirtschaft denn organisiert werden, um die von dir genannten Ziele zu erreichen?

***

Das »Modell« einer partizipatorischen Ökonomie[1] ist die Antwort auf Janes letzte Frage. Es ist *keine* Antwort auf andere wichtige Fragen wie etwa: Was können wir kurzfristig im Hier und Jetzt tun, um den genannten Zielen näherzukommen? Oder, auf lange Sicht: Welche Strategie benötigen wir für einen erfolgreichen Übergang von der Ökonomie der

Konkurrenz und der Profitgier zu einer Ökonomie der fairen Kooperation? Das sind wichtige, aber ganz andere Probleme. Die partizipatorische Ökonomie ist eine kohärente Beschreibung eines voll entwickelten Systems der fairen Kooperation. Es ist weder eine Transformationsstrategie noch ein politisches Programm.

Eine partizipatorische Ökonomie

Wirtschaftsdemokratie, Gerechtigkeit, Solidarität, Effizienz: Um diese Ziele zu erreichen, schlagen wir – ein wachsendes, weltweites Netzwerk von Leuten, die sich auf die partizipatorische Ökonomie als Alternative zum Kapitalismus beziehen[2] – eine Reihe von Institutionen und Verfahren vor. Die wichtigsten sind: 1. Die Entscheidungen treffen selbstverwaltete demokratische Räte von Produzent*innen und Konsument*innen, in denen jedes Mitglied eine Stimme hat. 2. Die Produzentenräte selbst richten Stellen ein, die im Hinblick auf Arbeitsplatzqualität und Mitwirkungsmöglichkeiten annähernd gleichwertig sind. 3. Die Vergütung erfolgt nach Arbeitsaufwand, so wie er von den Arbeitskolleg*innen beurteilt wird. 4. Die Produktion wird durch ein partizipatorisches Planungsverfahren geregelt, also weder von einer zentralen Planungsinstanz noch durch Märkte. Räte und Föderationen von Produzent*innen und Konsument*innen planen, überprüfen und verbessern laufend ihre Kooperation; der Maßstab dabei sind Effizienz, Gerechtigkeit und ökologische Nachhaltigkeit.

In den letzten zwanzig Jahren haben sich unterschiedliche Kritiker*innen unseres »Modells« zu Wort gemeldet. Die einen waren schon mit unseren Zielvorstellungen nicht einverstanden. Andere hingegen teilten zwar die Ziele, widersprachen aber der einen oder anderen unserer Empfehlungen, wie sie umgesetzt werden könnten. Erik hat seine Einschätzung der partizipatorischen Ökonomie in dem Buch *Reale Utopien*[3] (auf den Seiten 351–366) vorgelegt. Wenn ich recht sehe, teilt er unsere Ziele, auch wenn sich erwartungsgemäß seine Ausformulierungen und Argumente in einigen Punkten von unseren unterscheiden. Am wichtigsten jedoch ist, dass er – anders als viele andere, die sich kritisch gegenüber der partizipatorischen Ökonomie geäußert haben – unsere Ansichten darüber zu teilen scheint, was ökonomische Gerechtigkeit und Wirtschaftsdemokratie bedeuten und erfordern.

Weiter befürwortet Erik wie wir eine Vergütung nach Arbeitsaufwand sowie den Versuch, möglichst gleichgewichtige Arbeitsplätze *[balanced jobs]* einzurichten – wobei er Bedenken hat, inwieweit das letztlich möglich ist.

Zum ersten Punkt: Wir schlagen vor, dass jeder Produzentenrat seine eigenen Verfahren für die Einstufungen des Arbeitsaufwandes der Produzent*innen [*effort ratings*] entwickeln kann. Diese Ratings sind Grundlage für die Konsumrechte in den Verbraucherräten. Wie die Komitees, die die Aufwandseinstufungen vornehmen, zusammengesetzt werden und welche Verfahren sie anwenden, das bleibt den jeweiligen Produzentenräten selbst überlassen.

Wir möchten betonen, dass die Vergütung in einer partizipatorischen Ökonomie nicht schon dann festgelegt oder ausgehandelt wird, wenn Produzentenräte neue Mitglieder anstellen. Jedem ist freigestellt, sich für die Mitgliedschaft in einem Produzentenrat seiner Wahl zu bewerben, und die Räte können frei entscheiden, wen sie aus dem Bewerberpool auswählen – unter strikter Beachtung von Anti-Diskriminierungsregeln, versteht sich. Da sich jedoch die Höhe der Vergütung nach dem Arbeitsaufwand bemisst, kann sie nur im Nachhinein festgelegt werden. Deshalb sind in einer partizipatorischen Ökonomie die Entscheidungen über Einstellungen völlig unabhängig von den Entscheidungen über die Höhe der Entlohnung.

Zum zweiten Punkt: Während manche Verfechter*innen des Marktsozialismus die Selbstverwaltung auf der Basis von Stimmengleichheit der Arbeiter*innen ablehnen, verteidigt Erik jene Modelle, die in der Arbeiterselbstverwaltung einen der wichtigsten sozialistischen Werte sehen.[4] Damit jedoch die formale Gleichberechtigung bei der Entscheidungsfindung im Arbeitsleben sich tatsächlich in gleiche Beteiligungschancen übersetzt, schlägt unser »Modell« vor – zusätzlich zum Prinzip »Ein Arbeiter, eine Stimme« –, die Arbeitsplätze als möglichst ausgewogene Tätigkeitsbündel zu definieren. Solange nämlich einige Mitarbeiter*innen den ganzen Tag Fußböden fegen, während andere rund um die Uhr in Meetings sitzen, führen formal gleiche Rechte nicht zu wirklich gleichen Beteiligungsmöglichkeiten.

Wir Verfechter*innen der partizipatorischen Ökonomie diskutieren zwar, wie Komitees zur Einrichtung von ausgewogenen Arbeitsfeldern im Groben funktionieren könnten, die Details blieben aber den einzelnen Räten vorbehalten. Dabei ist mit einer großen Bandbreite von Möglichkeiten zu rechnen, wie Aufgaben so kombiniert werden, dass jeder Arbeitsplatz sowohl Entscheidungsbefugnisse als auch angenehme und unangenehme Tätigkeiten umfasst. Im Gegensatz zu vielen anderen Marktsozialist*innen, die ausgewogene Arbeitsplätze als ineffizient und als Verletzung von individueller wirtschaftlicher Freiheit ablehnen, scheint Erik mit uns einer Meinung zu sein: Die Einwände sind nicht überzeugend, und wirkliche Wirtschaftsdemokratie erfordert möglichst ausgeglichene Arbeitsplätze.

Während also viele Marktsozialist*innen unsere Vorschläge, wie die Arbeit zu entlohnen und der Produktionsprozess zur organisieren sei, ablehnen, liegen die wichtigsten strittigen Punkte zwischen Erik und uns bei einem anderen Problem: wie nämlich die miteinander verbundenen Tätigkeiten der Produzenten- und Konsumenten-Räte am besten koordiniert werden können. Oder um es in der Sprache der Ökonom*innen zu formulieren: Wie soll der »Allokationsmechanismus« der Wirtschaft aussehen?

Was ist partizipatorische Planung?

Eriks Haupteinwand gegen das »Modell« der partizipatorischen Ökonomie gilt dem Vorschlag, den Markt durch ein Verfahren zu ersetzen, das wir »partizipatorische Planung« nennen. Hierbei ist jedoch der Unterschied zwischen einem langfristigen Ziel und einer Übergangsstrategie entscheidend. Ich hatte noch nie die Illusion, dass wir die Märkte sofort zugunsten der partizipatorischen Planung abschaffen könnten. Das Marktsystem hat sich über mehrere Jahrhunderte stetig ausgeweitet und vertieft, und es findet leider die Unterstützung der überwältigenden Mehrheit der Bevölkerung. Der von uns angestrebte Systemwechsel kann jedoch nur auf entschieden demokratische Weise vonstattengehen, also erst, wenn eine deutliche Mehrheit das Marktsystem durch ein System partizipatorischer Planung zu ersetzen gewillt ist.

Deswegen muss, solange das Marktsystem fortbesteht, unsere Übergangsstrategie in erster Linie darauf abzielen, die Märkte zu »sozialisieren« – wie Erik und andere Verfechter*innen der sozialistischen Marktwirtschaft es nennen –, um deren verheerende Auswirkungen einzugrenzen. Deswegen glaube ich, dass Befürworter*innen der partizipatorischen Ökonomie mit Marktsozialist*innen gut zusammenarbeiten können, wenn es darum geht, die Märkte im Hier und Jetzt zu »zähmen«. Mit anderen Worten: Meiner Ansicht nach besteht der Unterschied nicht darin, dass der Marktsozialismus für die Bändigung der Märkte kämpft, während die partizipatorische Ökonomie dies nicht tut. Der Unterschied ist vielmehr, dass Letztere die Märkte zähmen will, *bis eine*

Mehrheit das Vorhaben unterstützt, sie durch etwas viel Besseres zu ersetzen, während der Marktsozialismus die Märkte zähmen will, *um sie zu erhalten.*

Meine Argumentation für die letztendliche Abschaffung der Märkte gliedert sich in zwei Teile: 1. in den Nachweis, dass (und warum) auch gebändigte Märkte unerwünschte Folgen hätten; 2. in den Nachweis, dass es einen anderen, sowohl praktikablen als auch weniger problembehafteten Weg gibt, eine produktive Arbeitsteilung zu koordinieren. Ich kann den ersten Teil dieser »Anklage gegen die Märkte« zurückstellen, bis Erik dargelegt hat, warum er glaubt, dass die Beseitigung der Märkte völlig unnötig und auch nicht wünschenswert ist. An dieser Stelle erörtere ich nur den zweiten Teil: das *Wie* und *Warum* der partizipatorischen Planung. Der Einfachheit halber werde ich mich auf das jährliche partizipatorische Planungsverfahren beschränken – und dabei einige weit verbreitete Missverständnisse ausräumen.

Das Planungsverfahren

Das jährliche partizipatorische Planungsverfahren erfolgt im Rahmen eines Investitionsplans. Darin ist bereits festgelegt, welche Investitionsgüter in dem betreffenden Jahr produziert und wie sie verteilt werden, um die Kapazitäten der verschiedenen Branchen zum Jahresende zu erhöhen. Außerdem sind für das jeweilige Jahr bekannt: das nutzbare natürliche »Kapital« (z.B. fruchtbares Land), das vorhandene produzierte »Kapital« (z.B. Drehmaschinen) und das verfügbare menschliche »Kapital« (z.B. Arbeitsstunden von Schweißern).

Durch das partizipatorische Planungsverfahren wird nun ein umfassender jährlicher Produktions- und Konsumplan entworfen: Welche Produzentenräte nutzen welche Ressourcen, um welche Halbfabrikate herzustellen? Wie werden diese Zwischenprodukte an andere Produzentenräte verteilt, und welche Verbrauchsgüter werden schließlich an die Konsumentenräte geliefert?

Alle Produzenten- und Konsumentenräte und deren Föderationen machen Vorschläge, was sie in dem jeweiligen Jahr produzieren bzw. verbrauchen wollen (Eigentätigkeitsvorschläge *[self-activity proposals]*). Zudem gibt es einen Iterations-Unterstützungsausschuss[5] [*Iteration Facilitation Board*, IFB]. Dessen Funktion besteht darin, die aktuellen Opportunitätskosten[6] der verschiedenen Kapitalformen (natürliches, produziertes, menschliches Kapital) zu schätzen, ebenso die sozialen und ökologischen

Kosten der produzierten Güter und Dienstleistungen. Für Güter und Dienstleistungen, bei denen ein Nachfrageüberschuss besteht, erhöht das IFB seine »Richtpreise«, oder es senkt die Preise im Falle von Überangeboten. Daraufhin überarbeiten die Räte und Föderationen ihre Eigentätigkeitsvorschläge, bis ein realistischer Plan vorliegt: Nachfrage und Angebot von natürlichen Ressourcen, Sachkapital, Arbeitskapazitäten, Zwischenprodukten, Konsumgütern und Dienstleistungen sind dann im Gleichgewicht – unter Berücksichtigung ökologischer Belastungen.[7]

An den Entscheidungsprozessen partizipieren die einzelnen Arbeiter*innen, indem sie den Produzentenrat bei der Formulierung und Revision der Produktionsvorschläge unterstützen. Die einzelnen Verbraucher*innen partizipieren in ihrem Konsumentenrat durch: a) die Beantragung ihrer eigenen und die Genehmigung der individuellen Konsumwünsche anderer Verbraucher*innen; b) die Entscheidung über öffentliche Güter auf lokaler Ebene; c) die Wahl der Delegierten für die Konsumentenföderationen, die für die Versorgung mit öffentlichen Gütern auf höheren Ebenen zuständig sind.

Jede Runde bei diesem iterativen Verfahren beginnt mit neuen, genaueren Schätzungen der Opportunitäts- und sozialen Kosten. Danach überarbeiten die Räte und Föderationen ihre Vorschläge, wobei sie die Informationen auswerten, wie sich ihre Konsumwünsche auf andere auswirken; sie müssen ihre Vorschläge so lange überarbeiten, bis sie die Zustimmung der anderen Räte finden.

Die Kosten der Konsumwünsche – Güter und Dienstleistungen – der Mitglieder der Verbraucherräte werden ermittelt und mit ihren *effort ratings* abgeglichen. Wenn Letztere im gesellschaftlichen Durchschnitt liegen, sollte der Verbraucherrat Anspruch auf Waren und Dienstleistungen haben, deren Produktionskosten ebenfalls dem Durchschnitt entsprechen. Räte, deren Mitglieder höhere oder niedrigere *effort ratings* haben, sind zu Konsumansprüchen berechtigt, die über bzw. unter dem Durchschnitt liegen. Die im Planungsverfahren ermittelten Kosten der Güter und Dienstleistungen sind wichtige Informationen für die Konsumentenräte und Föderationen, um einschätzen zu können, welche Belastungen sie anderen auferlegen. Wichtig sind die Kostenberechnungen auch für die Räte, die Konsumwünsche von anderen genehmigen oder ablehnen müssen – denn nur aufgrund der ermittelten Kosten können sie entscheiden, ob Konsumanfragen berechtigt, also den *effort ratings* angemessen sind.

Produktionsvorschläge werden evaluiert, indem der geschätzte soziale Nutzen der Outputs mit den geschätzten sozialen Kosten der Inputs verglichen wird. In jeder Runde des Planungsverfahrens wird der soziale Nutzen durch die Multiplikation der Richtpreise der zu produzierenden Güter – unter Berücksichtigung ökologischer Belastungen – ermittelt und addiert. Analog dazu werden – ebenfalls auf Basis der Richtpreise – die sozialen Kosten der Inputs errechnet. Wenn nun der soziale Nutzen die Kosten übersteigt – die Nutzen-Kosten-Relation ist dann größer als eins –, kommt es voraussichtlich allen zugute, wenn der Produzentenrat seinen Vorschlag umsetzt. Wenn die Nutzen-Kosten-Relation kleiner als eins ist, gilt das Gegenteil – es sei denn, die Produktion bringt Vorteile, die mit Zahlen nicht zu erfassen sind.

Diese Vorgehensweise deckelt allzu ehrgeizige Pläne von Produzenten- und Konsumräten und reduziert sie auf realistische Größen. Verbraucherräte, die Konsumwünsche anmelden, welche ihre *effort ratings* übersteigen, müssen entweder die Menge der beanspruchten Güter reduzieren oder auf Produkte ausweichen, die geringere Kosten verursachen; nur so können sie mit der Zustimmung der anderen Räte rechnen. In ähnlicher Weise müssen die Produzentenräte gegebenenfalls entweder ihren Arbeitsaufwand erhöhen, stärker nachgefragte Güter produzieren oder die Kosten der Inputs reduzieren, wenn ihre Produktionsvorschläge von den anderen Räten gebilligt werden sollen.

Indem Produzent*innen und Konsument*innen ihre Vorschläge in Reaktion auf aktuelle Informationen über die Opportunitäts- und sozialen Kosten optimieren, vermeiden sie die Reduzierung ihrer Konsumansprüche bzw. die Erhöhung ihres Arbeitsaufwandes – dadurch wird die ökonomische Effizienz gesteigert. Wenn weitere Korrekturen der Vorschläge nicht ausreichen, um die Zustimmung der anderen Konsument*innen und Arbeitskolleg*innen zu erhalten, müssen die Konsumansprüche verringert bzw. der Arbeitsaufwand erhöht werden – das kommt der ökonomischen Gerechtigkeit zugute.

In dem Maße, wie das iterative Planungsverfahren voranschreitet – die Konsum- und Produktionspläne werden in Übereinstimmung gebracht, und die geschätzten Kosten nähern sich den wirklichen Kosten an –, werden also zugleich Effizienz und Gerechtigkeit erhöht.

Weil die Schätzungen der Opportunitäts- und sozialen Kosten für alle zugänglich sind, kann jeder ermitteln, ob Konsum- oder Produktionsvorschläge sozial verantwortlich sind. Eine zentrale Schiedsrichterstelle, die Vorschläge genehmigt oder ablehnt, ist deshalb überflüssig. Räte können stattdessen auf die Vorschläge anderer Räte mit »Ja« oder »Nein« reagieren – ohne zeitaufwendige Evaluierungen oder hitzige Auseinandersetzungen; nur wenige Ausnahmefälle bedürften wohl einer besonderen Prüfung.

Wir haben versucht zu zeigen, dass das partizipatorische Verfahren schließlich zu einem realisierbaren, optimierten Plan führt; und anders als in der Marktwirtschaft werden dabei auch externe Effekte wie Belastungen der Umwelt sowie die Ausweitung und Verbesserung öffentlicher Güter und Leistungen erfasst.[8]

Worauf läuft das Verfahren hinaus? Die Vorschläge der Produzentenräte bedeuten, dass Teile der produktiven Ressourcen, die der Allgemeinheit gehören, genutzt werden sollen. Eigentlich lautet der Antrag an die anderen Räte, mit denen sie durch kooperative Arbeitsteilung verbunden sind: »Wenn ihr uns gestattet, einen bestimmten Teil der Ressourcen, die uns allen gehören, als Input zu verwenden, dann versprechen wir, als Output die folgenden Produkte und Dienstleistungen für andere zu liefern.« Die Vorschläge der Konsumentenräte zielen im Gegenzug auf die Erlaubnis ab, Güter zu verbrauchen, deren Produktion Kosten verursachen wird. Im Grunde lautet ihr Antrag: »Wir glauben, dass die *effort ratings*, die wir von den Mitarbeiter*innen erhalten haben, uns das Recht geben, Produkte und Dienstleistungen zu verbrauchen, deren Produktion gleichwertige soziale Kosten erzeugt.«

Die Planungsverfahren sollen aufzeigen, wann ein Produktionsvorschlag ineffizient und wann ein Konsumantrag unberechtigt ist – und sie ermöglichen anderen Räten, dann die Zustimmung zu verweigern. Aber die Überarbeitung der Eigentätigkeits-Vorschläge obliegt ausschließlich demjenigen Rat, der den Vorschlag eingebracht hat; nur er kann ihn zur Wiedervorlage in die nächste Runde des Planungsverfahrens einbringen. Dieser Aspekt unterscheidet das partizipatorische Planungsverfahren von allen anderen Planungsmodellen und ist unseres Erachtens für die Selbstverwaltung von Produzent*innen und Konsument*innen von entscheidender Bedeutung.

Anmerkungen

1 Das »Modell« eine partizipatorischen Ökonomie wurde ursprünglich gemeinsam von Michael Albert und mir in den 1990er Jahren entwickelt und wird heute oft als »Parecon« bezeichnet. Ich vermeide diese Abkürzung, weil mir scheint, dass sie einen falschen Eindruck des

Konzepts vermittelt und einen Dogmatismus fördert, der bei Diskussionen über einen Systemwechsel wenig hilfreich ist.

2 Das heißt selbstredend nicht, dass »wir« notwendigerweise in allen Detailfragen übereinstimmen oder immer einer Meinung sind, was kurzfristige Programme oder langfristige Übergangsstrategien angeht.

3 Erik Olin Wright: Reale Utopien. Wege aus dem Kapitalismus. Berlin 2017.

4 Das erste Modell einer sozialistischen Marktwirtschaft haben Oskar Lange und Abba Lerner in den 1930er Jahren entwickelt; es sieht vor, dass die Unternehmensleiter durch den Staat ernannt werden – nicht durch einen selbstverwalteten Arbeiterrat. In den 1990er Jahren hat John Roemer eine andere Variante eines Manager-Marktsozialismus vorgeschlagen, in dem die Arbeiter*innen in ihrem Betrieb ebenfalls nicht das Sagen haben. Allerdings plädieren die meisten Marktsozialisten für eine Arbeiterselbstverwaltung, so etwa Jaroslav Vanek und Branko Horvat in den 1960er Jahren oder David Schweickart und Michael Howard seit den 1980er Jahren. Auch Erik Olin Wright befürwortet nachdrücklich einen Marktsozialismus, der auf Arbeiterselbstverwaltung basiert.

5 Iteration heißt ein Prozess mehrfachen Wiederholens ähnlicher Handlungen zur Annäherung an ein bestimmtes Ziel [Anm. d. Ü.].

6 Opportunitätskosten quantifizieren entgangene Alternativen zur Nutzung vorhandener Ressourcen [Anm. d. Ü.].

7 Über die angebliche Notwendigkeit von Supercomputern und modernen Informationstechnologien für eine partizipatorische Ökonomie ist viel geschrieben worden – das meiste davon ist schlichtweg falsch. Das IFB etwa

benötigt nicht mal einen leistungsfähigen Computer. Es addiert und vergleicht lediglich Angebot und Nachfrage für die natürlichen Ressourcen, die einzelnen Kategorien der Arbeit, die verschiedenen Kapitalformen, Waren und Dienstleistungen und Umweltbelastungen. Dazu braucht es keinen Supercomputer, dafür reicht ein Rechenschieber! Auch die Akteure im Planungsverfahren machen kaum mehr, als Richtpreise zu multiplizieren und zusammenzurechnen, um die sozialen Kosten von Konsumansprüchen und den sozialen Nutzen von Produktionsvorschlägen berechnen zu können. Auch das erfordert keine fantastischen Computerkapazitäten.

Moderne Technologien sind allerdings hilfreich, um im Rahmen der partizipatorischen Ökonomie schnell auf Veränderungen zu reagieren, die sich im Laufe des Jahres bei den Planungsdaten ergeben können. EDV-basierte Warenwirtschaftssysteme und Echtzeit-Daten in den Lieferketten – in der globalen Ökonomie von heute schon Realität – erleichtern Anpassungen an veränderte Zahlen.

8 Solche technischen Fragen werden u.a. erörtert in: Michael Albert / Robin Hahnel: The Political Economy of Participatory Economics. Princeton 1991, Kapitel 5. Dies.: »Socialism as It Was Always Meant to Be.« In: Review of Radical Political Economics, 24, 3&4, Herbst/Winter 1992, S. 46–66. Dies.: »Participatory Planning«. In: Science & Society, 56, 1, Frühjahr 1992, S. 39–59. Auf Deutsch liegt vor: Michael Albert: Parecon. Leben nach dem Kapitalismus. Frankfurt/M. 2006 [Anm. d. Ü.].

Erik Olin Wright

Partizipatorische Ökonomie: Eine solidarische Kritik

Einleitung

Wie Robin in seinem einleitenden Beitrag zu diesem Dialog betont hat, möchte auch ich zunächst bekräftigen, dass uns bei einem breiten Spektrum von Themen eine tiefgehende Übereinstimmung verbindet:[1]

Entschiedener Egalitarismus ist ein zentraler Wert. Wir beide teilen ein radikal egalitäres Verständnis von sozialer Gerechtigkeit (auch wenn sich unsere Begrifflichkeiten etwas unterscheiden): Ein gerechtes Verteilungssystem verbindet ein bedingungsloses Grundeinkommen, das die (großzügig interpretierten) Grundbedürfnisse abdeckt, mit einem zusätzlichen Einkommen, das sich nach einem breit verstandenen Begriff von Arbeitsaufwand und Einsatz bemisst.[2] Es muss materielle Ungleichheiten verhindern, die aus Unterschieden im Talent, in der Leistung, der Begabung oder gar der Macht resultieren.

Auch die Qualität der Arbeit, nicht nur die materielle Vergütung, ist eine Frage der Gerechtigkeit. Robin schlägt zur Lösung des Problems »gleichgewichtige Arbeitsplätze« vor: Alle Jobs sollten, so weit wie möglich, die gleiche Kombination aus mühsamen und angenehmen Tätigkeiten, aus Routinearbeiten und verantwortlichen Aufgaben enthalten. Idealerweise sollten alle Arbeitsplätze unter jedem Aspekt, der die Qualität eines Jobs ausmacht, in gleichem Maße attraktiv sein. Das ist ein schwieriges regulatives Ideal, das in der Praxis wohl nie voll verwirklicht werden kann, und Abweichungen davon bringen Ungerechtigkeiten mit sich. Die größeren Belastungen auf Arbeitsplätzen, die eine weniger attraktive Zusammenstellung von Aufgaben umfassen, sollten deshalb mit einem höheren Einkommen, mehr Freizeit oder in anderer Weise kompensiert werden.

Radikale, substanzielle Demokratie. Demokratie, wenn man sie ernst nimmt, bedeutet, dass die Menschen bei der Entscheidungsfindung über die ihr Leben betreffenden Angelegenheiten in sinnvoller Weise beteiligt sind. Wie Robin zu Recht hervorhebt, bedeutet die volle Verwirklichung dieses Grundsatzes, dass das Gewicht der Stimme einer Person ungefähr proportional dazu sein sollte, wie die jeweilige Entscheidung sie betrifft. Das ist offensichtlich eine sehr komplizierte Idee, und ihre praktische Umsetzung wird sich dem Ideal im besten Fall grob annähern können. Dieses Konzept von Demokratie bildet die Grundlage für ein verschachteltes System partizipatorischer Entscheidungsgremien, die im Zentrum der institutionellen Gestaltung von Robins Modell stehen.

Der Kapitalismus ist mit allen diesen Werten und Zielen unvereinbar. Wir sind uns zudem einig, dass der Kapitalismus systematisch der Verwirklichung all dieser Ziele im Wege steht. Auch wenn einige der Defizite durch staatliche Maßnahmen innerhalb des Kapitalismus abgemildert werden können: Die Überwindung des Kapitalismus ist eine notwendige Bedingung für die möglichst umfassende Verwirklichung der egalitären demokratischen Werte.

In vielen Punkten stimmen wir also überein. Wir haben indes in einigen wichtigen Aspekten der institutionellen Ausgestaltung einer Alternative zum Kapitalismus unterschiedliche Auffassungen.

Robin ist sehr zuversichtlich, dass eine komplexe, großräumige Ökonomie – im Prinzip sogar eine Weltwirtschaft –, in der Märkte komplett durch partizipatorische Planung ersetzt würden, gut funktionieren könnte. Er ist zwar der Auffassung, dass sich die tatsächliche Gestaltung des Institutionengefüges in einer postkapitalistischen partizipatorischen Wirtschaft durch Experimentieren und demokratische Beratungen entwickeln wird, gleichwohl sollte seiner Ansicht nach die vollständige Beseitigung der Märkte das Ziel sein. Er geht davon aus, dass eine solche Wirtschaft auf Dauer tragfähig wäre. Das bedeutet im Kontext einer demokratischen, egalitären Ökonomie, dass der institutionelle Aufbau dauerhaft durch die breite Mehrheit unterstützt werden müsste; sie haben ja die Macht, die Spielregeln zu ändern, falls sie nicht mehr damit einverstanden sind, wie die Dinge funktionieren. Es wird zwangsläufig Kompromisse zwischen den verschiedenen Zielen, die eine partizipatorische Wirtschaft zu realisieren hofft, geben müssen. Dabei stellt ein Ensemble von institutionalisierten Regeln eine Möglichkeit dar, diese Aushandlungsprozesse zu steuern. Stabil sind diese Spielregeln und das System, wenn dessen fortlaufende Ergebnisse die Zustimmung und das Engagement der Akteure verstärken. Robins Hypothese ist also, dass eine partizipatorische Ökonomie, in der Märkte keine Rolle spielen, in diesem Sinne dauerhaft zukunftsfähig wäre.

Meiner Ansicht nach sollte die optimale institutionelle Konfiguration einer demokratisch-egalitären Wirtschaft stattdessen verschiedene Formen von partizipatorischer Planung, staatlichen Regulierungsmechanismen und Märkten kombinieren. Auf die Partizipationsmechanismen lege ich wie Robin großen Wert, weil sie Gleichheit und Demokratie ermöglichen. Aber ich bin sehr skeptisch, ob partizipatorische Planung jemals die Märkte vollständig ersetzen kann und ob dies gar ein grundlegendes Ziel sein sollte. Ich möchte eine stabile und tragfähige, demokratisch-egalitäre Wirtschaft, aber meine Erwartung ist, dass in der institutionellen Ausgestaltung, die Menschen in einer solchen Ökonomie tatsächlich wählen würden (durch Experimentieren und Lernen), Märkte eine bedeutende Rolle spielten. Dies ist eine Prognose, keine Verordnung. Ich weiß weder, welche institutionelle Ausgestaltung der verschiedenen Formen der Wirtschaftsorganisation am besten funktionieren würde, noch wie in der Praxis die Kompromisse zwischen verschiedenen Konfigurationen aussähen. Ich vermute jedoch, dass eine Konfiguration, in der Märkte keine Rolle spielen, nicht zukunftsfähig in dem von mir beschriebenen Sinn wäre.[3]

Zudem glaube ich – das werde ich später noch im Detail ausführen –, dass Robins iterative Verfahren in der konkreten Praxis von meinen Erwartungen nicht sehr weit entfernt sind. Sein Modell der partizipatorischen Ökonomie verbindet anfängliche Planungsrunden (durch verschachtelte Räte unterschiedlicher Art) mit nachträglichen, kontinuierlichen Anpassungen, die aus einer Vielzahl von Gründen notwendig werden. Je nach Umfang und Ausführungsmodus der Anpassungen könnten sie ganz ähnlich wie Märkte funktionieren. Und da dies ein fortlaufender Prozess ist, bei dem die Ergebnisse der Berichtigungen die Vorgabe für die anschließende Planung liefern, ist es nicht so klar, dass Marktmechanismen nur eine untergeordnete Rolle spielen würden.

Ich verstehe die »Märkte« nicht als binäre Konzeption, nach der jede Transaktion entweder eine Markttransaktion ist oder nicht. Ein nicht-binärer Begriff des Marktes geht davon aus, dass der Austausch stark reguliert und durch kollektive Prioritäten beeinflusst sein kann, aber immer noch Kauf- und Verkaufshandlungen beinhaltet; die Preise sind dann ebenso durch Angebot und Nachfrage wie durch regulatorische Rahmenbedingungen bestimmt. Ein solcher Austausch verbindet markt- und nichtmarktförmige Mechanismen.

Um es zu veranschaulichen: In meiner Verwendung des Begriffs »Märkte« stellen auch Flohmärkte und Second-Hand-Märkte (und ihre Internet-Äquivalente) eine Form der Marktbeziehung da: Gegenstände werden zum Verkauf angeboten; die Preise sind als Reaktion auf die Verbrauchernachfrage in der Regel am Morgen höher als am Ende des Tages; außerdem ist in einem wirtschaftlichen Umfeld, in dem viele Menschen gebrauchte Gegenstände kaufen[4] wollen, mit einer Ausweitung der Flohmärkte zu rechnen. Vermutlich würde eine partizipatorische Wirtschaft Second-Hand-Märkte und ähnliche Einrichtungen erlauben oder gar fördern. Natürlich funktioniert der Kapitalismus nicht wie ein überdimensionierter Flohmarkt, da sich die Machtverhältnisse auf kapitalistischen Märkten gewaltig von denen eines lokalen Flohmarktes unterscheiden. Im Marktsystem des gegenwärtigen Kapitalismus spielen private Verkäufe nur eine unbedeutende Rolle. Gleichwohl bilden sie eine besondere Form von Marktprozessen.

Im Folgenden werde ich den Schwerpunkt meiner kritischen Erörterungen auf fünf Elemente von Robins Modell legen:[5] die Planung des Verbrauchs der privaten Haushalte; die Mechanismen für den Umgang mit externen Effekten; die Planung öffentlicher Güter; risikobehaftete Innovationen; die Organisation der Arbeit und der Vergütung. Am größten ist meine Skepsis beim ersten Punkt – die Mechanismen und Auswirkungen der Planung des privaten Konsums zu erörtern wird deshalb den größten Raum einnehmen. Bei den anderen Punkten werde ich nur spezifische Probleme diskutieren, da ich hier im Großen und Ganzen mit Robin einverstanden bin.

Die Planung des privaten Konsums

In seinem Buch *Of the People, By the People: The Case for a Participatory Economy* (S. 115) ebenso wie in seinem Eröffnungsbeitrag zum vorliegenden Band beschreibt Robin vier Grundprinzipien, die sein Modell der partizipatorischen Planung ausmachen:

1. Die Menschen sind in dem Maße an Entscheidungen beteiligt, wie sie von ihnen betroffen sind.
2. Die Ergebnisse der Planungsverfahren sollen fair und effizient zu sein.
3. Die Verfahren fördern Solidarität.
4. Die Pläne sind ökologisch nachhaltig.

Das sind gewiss alles wünschenswerte Prinzipien. Was ich jedoch erörtern möchte, ist das zweite Element des zweiten Prinzips: Effizienz.[6] Zweifel habe ich daran, dass eine institutionelle Ausgestaltung, in der Märkte vollständig eliminiert wurden – in der Märkte also keine wie auch immer geartete Rolle bei der wirtschaftlichen Koordination spielen –, so effizient ist wie eine Konfiguration, die verschiedene Formen der wirtschaftlichen Koordination vereint: partizipatorische Planung, zentrale Regulierungen und marktwirtschaftliche Interaktionen. Ich glaube nicht, dass Märkte der partizipativen Planung überlegen sind; vielmehr scheint mir ein System zweckmäßig, das eine Vielzahl von institutionellen Formen und Mechanismen kombiniert.

Legen wir zunächst den Fokus auf jenen Aspekt des Planungsprozesses, der mir am problematischsten scheint: die Planung des Konsums der privaten Haushalte. Das ist in vielerlei Hinsicht der zentrale Prozess innerhalb der partizipatorischen Ökonomie, denn sie bestimmt in erster Linie, was produziert wird. Wie Robin schreibt:

> »In der partizipatorischen Ökonomie besteht völlige Wahlfreiheit in Bezug auf das, was man konsumieren will. Darüber hinaus bestimmen Konsumpräferenzen, was produziert wird – das tun sie in einer Marktwirtschaft nur sehr unvollständig. Denn Märkte verzerren die Wahlfreiheit der Verbraucher [...] etwa durch das Überangebot privater Waren im Vergleich zu öffentlichen Gütern. [...] Partizipatorische Planung ist hingegen so ausgestaltet, dass Verzerrungen, die sowohl

> die ›Konsumentensouveränität‹ verletzen als auch Ineffizienzen hervorbringen, beseitigt werden.« (S. 80)

Robins Modell der partizipatorischen Planung öffentlicher Güter – also der kollektive Konsum in seinen verschiedenen Formen – scheint mir weniger problembehaftet zu sein. Es liegt in der Natur der Sache, dass kollektiv genutzte Güter stets in der einen oder anderen Weise geplant sind, und Robins Modell der Planung von öffentlichen Gütern, in dem Räte der primäre Ort der Beratungen sind, scheint mir ausgesprochen zweckmäßig zu sein. Ich habe insofern wenig zu den verschiedenen Formen der Produktionsplanung – Jahrespläne, langfristige Investitionen und Entwicklungsplanung –, die zweifelsohne wichtig sind, anzumerken. Wobei ich der Meinung bin, dass das Gewicht der partizipativen Planungselemente beim kollektiven Konsum deutlich größer sein sollte als bei der Planung des privaten Konsums.

Eine letzter vorläufiger Kommentar: Ich bin nicht sicher, ob ich die Funktionsweise der Planungsmechanismen, die den Kern von Robins Modell ausmachen, in allen Details vollständig verstanden habe. Ich habe Robins Texte zur Planung des privaten Konsums und die entsprechenden Kapitel in seinem Buch mehrfach gelesen – wie auch Michael Alberts

Band *Parecon*[7] und ein paar andere Diskussionsbeiträge zu diesem Thema zurate gezogen –, aber dennoch sind mir Teile der Darstellung unklar geblieben. Ich konnte kein intuitives Verständnis davon entwickeln, wie die einzelnen Teile des Verfahrens zusammenpassen. Vor allem ist mir nicht klar, weshalb das vorgeschlagene Institutionengefüge alle falschen Anreize und Motivationen ausschalten können soll und jeder perfekte Informationen für alle anderen liefert, sodass das System nicht durch den Opportunismus von Einzelpersonen oder Gruppen gefährdet werden könnte.[8]

Beginnen wir mit der Erörterung der Grundelemente, die die Art und Weise der privaten Konsumplanung in Robins Modell regeln (so wie ich sie verstehe). Das Verfahren wird zum Teil in Robins Eröffnungsbeitrag beschrieben, dort aber mit der Darstellung der Produktionsplanung verwoben. Für meine Zwecke ist es sinnvoll, den Planungsprozess des Konsums isoliert zu betrachten:

1. Zu Beginn des Verfahrens gibt der Iterations-Unterstützungsausschuss [*Iteration Facilitation Board*, IFB] die aktuellen Schätzungen der Richtpreise für sämtliche Elemente des Wirtschaftsprozesses (Verbrauchsgegenstände, Vorprodukte, Arbeit etc.) bekannt, und zwar auf Basis von Berech-

nungen der Opportunitätskosten und der positiven und negativen externen Effekte bei der Produktion aller Güter und Dienstleistungen.

2. Jeder private Haushalt ermittelt sein Budget, das festgelegt ist durch: a) die *effort ratings* auf der Grundlage des erbrachten Arbeitsaufwands aller Haushaltsmitglieder im Vorjahr; b) die Konsumrechte für Personen, die sich nicht an der Produktion beteiligen können (Kinder, ältere Menschen, Schwerbehinderte etc.); und c) die Konsumrechte für Leute, die schlicht nicht arbeiten wollen (sie erhalten das bedingungslose Grundeinkommen).

3. Jedes Jahr legen die einzelnen Haushalte den lokalen Verbraucherräten ihre Anträge darüber vor, was sie – unter Beachtung ihres Budgets – im Folgejahr zu konsumieren gedenken. Faktisch geben sie eine Vorbestellung ihres jährlichen Verbrauchs auf.

4. Die Befugnisse dieser lokalen Verbraucherräte umfassen die Genehmigung von Krediten und Konsumwünschen der einzelnen Verbraucher und die Planung der lokalen öffentlicher Güter. Wenn sich die Konsumwünsche innerhalb des Budgets des jeweiligen Haushalts bewegen, werden sie normalerweise automatisch genehmigt. Wenn sie über dem Budget liegen, also faktisch ein Kredit beantragt wird, erfolgt eine genauere Prüfung. Und wenn ein

Konsumvorschlag abgelehnt wird, muss der betroffene Haushalt ihn korrigieren.

5. Die Verbraucherräte aggregieren die genehmigten individuellen Konsumanfragen aller lokalen Haushalte, fügen die gewünschten öffentlichen Güter hinzu und bringen die gesamte Liste als Antrag des lokalen Konsumrates in den Planungsprozess ein.

6. Auf den höheren Ebenen stellen Föderationen der Konsumräte Anträge auf öffentliche Güter für den Bereich ihrer jeweiligen Mitglieder.

7. Auf Grundlage aller Konsumvorschläge und der Produktionsvorschläge der Produzentenräte berechnet das IFB die Richtpreise neu und schickt sie, soweit erforderlich, an die entsprechenden Räte zwecks Revision zurück.

8. Dieser iterative Prozess wird so lange fortgesetzt, bis keine Anpassungen mehr erforderlich sind.

Auf zwei Fragen werde ich nun näher eingehen: 1. Wie sinnvoll ist die Planung des privaten Konsums? 2. Und wie »marktwirtschaftlich« vollziehen sich die »Anpassungen«?

Wie sinnvoll ist Planung des privaten Konsums?

Robin ist der Ansicht, diese Planungsprozesse seien nicht besonders kompliziert. In *Of the People, By the People* heißt es:

»Wir sind uns bewusst, dass die Konsument*innen ihren Verbrauch falsch einschätzen können und während des Jahres Korrekturen vornehmen müssen; zudem werden sich manche Konsument*innen als zuverlässig, andere eher als wankelmütig erweisen. Und ich für meinen Teil bin ziemlich träge in solchen Dingen und würde mir nicht mal die Mühe machen wollen, meinen Konsumvorschlag überhaupt zu aktualisieren. Und da ich in kommunikativen Dingen nicht sehr gewissenhaft bin, würde ich womöglich auch nicht auf die Aufforderung des Konsumrates reagieren, ihm einen neuen Vorschlag für das kommende Jahr zu schicken. Ich würde dem Konsumrat stattdessen einfach erlauben, den Verbrauch des vergangenen Jahres zu ermitteln und diesen als Vorbestellung für das aktuelle Jahr zu verbuchen. Klingt das kompliziert?

Die einfachste Lösung wäre, jeden Verbraucher mit einer Chipkarte auszustatten, die das kontinuierlich aufzeichnet, was er konsumiert, und den Verbrauch der einzelnen Güter mit der Menge vergleicht, die er vorbestellt hat. Wenn nun im Laufe des Jahres der Verbrauch eines Artikels um, sagen wir, 20 Prozent von der beantragten Menge abweicht, könnte dem Konsumenten nahegelegt werden, eine entsprechende Korrektur vorzunehmen. Und wenn sich am Ende des Jahres der Preis der Gesamtheit der tatsächlich ver-

> brauchten Güter von den vorbestellten unterscheidet, kann die Differenz als Belastung bzw. Gutschrift auf seinem Konto verbucht werden.« (S. 86–87)

Das ist einer der Punkte, die ich nicht verstehe. Ein zentrales Problem einer sinnvollen Planung ist die Klassifizierung der Güter im Konsumbündel. Wenn ein Verbraucher seinen Plan vorlegt, wie ausdifferenziert sind dann die Kategorien? Ist »Kleidung« die relevante Kategorie oder »Hemd« oder »Frackhemd« oder »Frackhemd aus Seide«? Bestellt man »Konfitüre« oder »importierte französische Blaubeerkonfitüre«? Und reicht es, wenn ich die Zeit abschätze, die ich im Jahr mit der Lektüre von Büchern zu verbringen gedenke, oder muss ich wissen, welche Titel ich wahrscheinlich kaufen werde? Oder: Wenn ich auf Reisen bin, dann geht mein Verbrauch der benötigten Dinge weit über die Grenzen meiner unmittelbaren Umgebung hinaus. Wenn ich also schätze, welcher Anteil meines Verbrauchs auf Restaurants entfällt, ist dann von Bedeutung, dass einige von ihnen vielleicht in Paris oder New York liegen und nicht in der Stadt, in der ich wohne? Ich kann mir durchaus vorstellen, ungefähre Schätzungen von groben Verbrauchskategorien abzugeben – wie Kleidung oder Reisen oder

Lebensmittel –, nicht aber von ausdifferenzierten Gütern oder Leistungen.

Das Problem ist, dass die groben Kategorien im Grunde keine nützlichen Informationen für die Produzent*innen liefern. Es hilft den Hersteller*innen von Hemden nicht sonderlich, wenn sie – auf Grundlage der Aggregation individueller Konsumwünsche – wissen, dass die Verbraucher*innen planen, einen bestimmten Prozentsatz ihres Budgets für Kleidung auszugeben. Sie müssen wissen, wie viele Hemden welchen Stils und welcher Qualität sie produzieren sollen, da diese sehr unterschiedliche Richtpreise haben (und somit unterschiedliche Opportunitätskosten und positive und negative externe Effekte spiegeln). Aber von den Konsument*innen kann kaum erwartet werden, dass sie eine genaue Vorstellung von ihrem zukünftigen Verbrauch in allen Details haben – etwa wie viele billige oder teure Mahlzeiten sie in welchen Städten zu sich nehmen werden. Robin erklärt nicht, wie detailliert die Verbrauchsliste sein soll, ob sie Kategorien wie »Lebensmittel« enthält oder in »freier Wildbahn gefangener Lachs« und »Gourmet-Bio-Erdnussbutter mit gerösteten Erdnussstückchen«.

Da grobe Kategorien für die Planungsprozesse wenig nützlich sind, werde ich davon ausgehen, dass feinmaschige Kategorien erforderlich sind. Diese müssten für alle komplexen Ökonomien Millionen Produkte beinhalten – im Grunde alle ausdifferenzierten Konsumartikel, bei denen die Produzent*innen entscheiden müssen, wie viele von ihnen jeweils hergestellt werden. Da die Verbraucher*innen kaum in der Lage sein dürften, ein Jahr im Voraus ihren Bedarf sinnvoll zu spezifizieren, würden die meisten Menschen es wahrscheinlich Robin gleichtun – siehe oben – und dem Konsumrat mitteilen, er möge den Verbrauch des abgelaufenen Jahres für das aktuelle Jahr fortschreiben.

Wenn die überwältigende Mehrheit so verfährt, dann wäre es eigentlich gar nicht notwendig, Konsum*vorschläge* abzugeben, da der Gesamtverbrauch der einzelnen Posten den Produzent*innen bereits aus dem Vorjahr bekannt ist – er ist die Summe aller produzierten Waren und Dienstleistungen, die von den Verbraucher*innen nachgefragt wurden. Die Pläne für die zukünftige Produktion würden dann also so ähnlich aufgestellt werden, wie das jetzt in der kapitalistischen Marktwirtschaft auch geschieht: Die Hersteller*innen würden die Verkäufe und Umsatztrends der jüngsten Vergangenheit untersuchen und auf dieser Grundlage den zukünftigen Bedarf möglichst genau zu schätzen versuchen. Da die Produzent*innen und ihre sektoralen Föderationen die Umsatztrends kontinuierlich und effizient überwachen können, sind sie in der Lage, ihre Pläne laufend dem tatsächlichen Konsumverhalten der Verbraucher*innen anzupassen – statt Jahrespläne auf der Basis wenig informativer Vorbestellungen der Haushalte aufzustellen.

Darin liegt eine gewisse Ironie. Für das Vorbestellungssystem plädiert Robin mit folgenden Argumenten:

> »Eine partizipatorische Ökonomie ist eine Planwirtschaft. Wir müssen folglich eine Vorstellung davon haben, was die Menschen konsumieren wollen, um einen Produktionsplan aufstellen zu können. In Marktwirtschaften geben die Verbraucher*innen keine ›Vorbestellungen‹ auf; stattdessen bleibt den Produzent*innen nichts anderes übrig, als zu erraten, was die Verbraucher*innen schließlich nachfragen werden. […] In Marktwirtschaften bleibt den Verbrauch*innen zwar erspart, Vorbestellungen aufzugeben. Dieser Vorteil wird allerdings durch eine erhebliche Ineffizienz erkauft: Es werden Ressourcen verschwendet, weil von einigen Gütern zu viel, von anderen zu wenig produziert wird, um die tatsächliche Nachfrage zu befriedigen.« (S. 84)

Wenn aber das Vorbestellungssystem tatsächlich eine Fiktion ist, da die meisten Verbraucher*innen sich so verhalten werden, wie Robin es für sich selbst beschrieben hat, dann werden die Produzent*innen nach wie vor »erraten müssen, was die Verbraucher*innen nachfragen werden«. In einer partizipatorischen Ökonomie, in der der Wettbewerb zwischen den Produzent*innen weniger stark ausgeprägt ist und in der sie in Räten und Föderationen organisiert sind, wird es natürlich leichter sein, vollständig und detailliert die laufenden Daten zu den Verbraucherentscheidungen zu erhalten, sodass die Schätzungen der notwendigen Produktion wahrscheinlich genauer sein werden als im Kapitalismus. Es stellt sich aber die Frage, was mit dem System der jährlichen Vorbestellungen durch die Konsumentenhaushalte gewonnen wäre? Einfacher wäre es, wenn die Produzent*innen alle relevanten Daten des tatsächlichen Verbrauchs in ihren jeweiligen Branchen ihrer Schätzung des Konsums des nächsten Jahres zugrunde legten.

Ein weiteres, wenn auch zweitrangiges Problem: Zwar verstehe – und unterstütze – ich die Rolle der Nachbarschaftsräte bei der Planung der lokalen öffentlichen Güter. Warum aber soll mein persönlicher Verbrauch eine Angelegenheit auch des Nachbarschaftsrats sein? Das allgemeine Prinzip partizipatorischer Planung ist, dass die Menschen *an Entscheidungen in dem Maße beteiligt werden, wie sie von ihnen betroffen sind.* Meine Nachbar*innen werden zwar von der Aufteilung des Konsums zwischen öffentlichen Gütern und privatem Verbrauch tangiert, aber mein persönlicher Konsum hat keine größeren Auswirkungen auf meine unmittelbaren Nachbar*innen als auf alle anderen Gesellschaftsmitglieder: Also warum sollten sie dabei überhaupt eine Rolle spielen? Das Gleiche gilt für meine Anträge auf Darlehen oder Kredite: Warum sollten dabei meine Nachbar*innen mitreden können?

Wie marktwirtschaftlich funktionieren die »Anpassungen«?

In seinem einleitenden Beitrag zu diesem Buch skizziert Robin nur einen Teil des Planungsprozesses – die von den Produzenten- und Verbraucherräten erstellten Jahrespläne. In seinem Buch geht er indes davon aus, dass diese am Jahresanfang nur Näherungswerte enthalten und das ganze Jahr über angepasst werden müssen. Für den Verbrauch der privaten Haushalte betont Robin: »In einer partizipatorischen Ökonomie kann man völlig frei wählen, *was* man konsumieren will.« (S. 80) Die Konsumpläne der privaten Haushalte unterliegen also immer wieder Abweichungen, und entsprechend sind zahlreiche Anpassungen erforderlich. Robin schreibt:

> »Eine der Funktionen der Konsumräte und -föderationen ist es, Veränderungen des Verbrauchs zu koordinieren. Wenn ein anderer Verbraucher von einem Produkt eine größere Menge haben will und ich von dem gleichen Produkt weniger benötige, als ich vorbestellt habe, gibt es keine Notwendigkeit, den beschlossenen Produktionsplan zu ändern. Nur wenn die Konsumräte (die wie Clearing-Stellen funktionieren) feststellen, dass Änderungen sich nicht gegenseitig ausgleichen, wird der nationale Verbraucherrat Korrekturen mit den Föderationen der Arbeiterräte diskutieren müssen. Auch die gegenwärtige Weltwirtschaft nutzt bereits computergestützte Warenwirtschaftssysteme und Echtzeit-Lieferketten, die viel geschmeidigere Anpassungen ermöglichen als noch vor wenigen Jahrzehnten.« (S. 85)

Wie die tatsächlichen Anpassungsprozesse dann aussehen sollen, ist mir nicht ganz klar, aber selbst bei den besten Warenwirtschaftssystemen ist anzunehmen, dass es bei manchen Gütern Überbestände, bei anderen Fehlmengen geben wird. Die nächstliegende Möglichkeit, Überbestände abzubauen, läge darin, den Menschen zu ermöglichen, diese Dinge billiger zu erwerben. In konventionellen Begriffen: Wenn es ein Überangebot gibt, werden die Preise reduziert, entweder unregelmäßig oder im Rahmen von »Saisonschlussverkäufen«. Das heißt natürlich, dass die Preise für diese Güter nicht die anfänglichen Opportunitätskosten (und die externen Effekte) ihrer Produktion wiedergeben. Die Preise werden aber die Opportunitätskosten bei der Entscheidung der Verbraucher zwischen verschiedenen Gütern spiegeln.

Bei manchen Gütern wird es auch Engpässe geben. Zum einen aufgrund der spezifischen Art des Angebots: Im Theater etwa gibt es Unterschiede zwischen den besten und den schlechtesten Plätzen im Haus, obwohl die Herstellungskosten des Sitzes sowie die externen Effekte der Produktion bei beiden Plätzen dieselben sind. Bei anderen, vor allem neu eingeführten Gütern wird es Engpässe geben, einfach weil es Zeit braucht, die Nachfrage zu befriedigen. Solcherart Probleme könnten durch Rationierungen gelöst werden, beispielsweise durch eine Lotterie. Oder den Menschen könnte ein Sitzplatz nach dem Zufallsprinzip zugewiesen werden. Das sind sicher praktikable Lösungen, die auch dem Gleichheitsprinzip genügen.

Man könnte allerdings auch die Preise knapper Güter anheben. Wenn dies im sozialen Kontext des *effort-ratings*-Prinzips passiert – bei dem ja jeder die gleichen Möglichkeiten hat, sein Einkommen zu erhöhen, indem er seinen Arbeitsaufwand steigert –, dann kann bei höheren Preisen für knappe Güter jeder wählen, wie schnell er stark nachgefragte Produkte haben will.

In Robins Modell würde das zusätzliche Einkommen, das durch die erhöhten Preise entstünde, nicht in die Taschen der Produzent*innen fließen. Ihre Einkommen würde weiterhin auf ihren *effort ratings* basieren. Allein die Verbraucher*innen könnten entscheiden, ob ihnen die schnelle Verfügung über ein bestimmtes Produkt so wichtig ist, dass sie dafür entweder auf andere Produkte verzichten oder für einige Zeit härter arbeiten würden.

Wie Anpassungen der jährlichen Konsumpläne nach diesem Modell vonstattengingen, erinnert sehr an einen entscheidenden Aspekt von Märkten: Die Preise passen sich Ungleichgewichten zwischen Angebot und Nachfrage an. Dies macht aus einer Ökonomie natürlich nicht insgesamt eine »freie Marktwirtschaft«. Die Kosten für externe Effekte gehen in Marktwirtschaften nicht in die Preisbildung ein; ebenso wenig beruht die Kaufkraft auf *effort ratings*.

Dass jedoch die tatsächlichen Verbraucherpreise durch Angebot und Nachfrage beeinflusst werden, ist ein Marktprozess. Und in Abhängigkeit vom Umfang der tatsächlich benötigten Anpassungsprozesse können erhebliche Preisschwankungen die Folge sein. Ich vermute, dass dies in einer partizipatorischen Ökonomie oft als sinnvoller Umgang mit dem Problem der Diskrepanz zwischen Angebot und Nachfrage angesehen würde.

Die Planung der öffentlichen Güter

Wie schon erwähnt, sind meine Bedenken gegenüber der partizipatorischen Planung von öffentlichen Gütern deutlich geringer als meine Vorbehalte gegen die Planung des privaten Konsums. Öffentliche Güter müssen in kollektiven Institutionen diskutiert und beschlossen werden, und so weit wie möglich sollte die Beratung durch die Personenkreise erfolgen, die tatsächlich von den Gemeingütern profitieren können. Über die wohl meisten öffentlichen Güter wird sinnvollerweise auf einer Makroebene entschieden werden, also von Städten, Regionen oder auf noch höheren Ebenen. Aber sicherlich gibt es einige wichtige öffentliche Güter, deren Kollektivkonsum in erster Linie auf lokaler Ebene stattfindet, und dann sollten die direkt Betroffenen die wichtigste Rolle bei der Entscheidungsfindung spielen. In begrenztem Umfang verfolgt diese Ziel auch das Konzept der Bürgerhaushalte: Über kommunale Infrastrukturinvestitionen können die Bürger*innen mitentscheiden. Robins Modell der partizipatorischen Planung kollektiver Güter kann als eine radikale Erweiterung einiger Elemente der Bürgerhaushalte angesehen werden. Dabei unterstütze ich nachdrücklich den Gedanken, dass die Planung öffentlicher Güter – egal auf welcher geografischen Ebene – ein Maximum an Partizipation ermöglichen sollte.

Die partizipatorische Entscheidungsfindung über kollektive Güter benötigt allerdings – wie schon erörtert – keine Konsumräte, die auch die privaten Verbraucherpläne bewilligen oder ablehnen. Was ein lokaler Konsumrat indessen entscheiden muss, ist zum einen die Aufteilung zwischen öffentlichem und privatem Verbrauch (also welcher Anteil der Einkünfte, der sonst an die privaten Haushalte ginge, auf die öffentlichen Güter entfallen sollte); zum anderen beschließt er, welche spezifischen Gemeingüter produziert werden. Deshalb scheint es mir sinnvoller, von Gemeingut-Räten statt von Verbraucherräten zu sprechen.

Anders als die Planung des privaten Verbrauchs erfordert die Planung von Gemeingütern, egal auf welcher Ebene, tatsächlich öffentliche Beratungen: Meetings, Debatten, Verhandlungen, Entwürfe von Plänen für spezifische Projekte etc. Partizipatorische Planung öffentlicher Güter – auf Stadtteilebene und darüber hinaus – wird ein entscheidendes Merkmal einer postkapitalistischen, demokratischen und egalitären Ökonomie sein. Vor allem auch, weil sich das Verhältnis zwischen privatem und öffentlichem Konsum wahrscheinlich deutlich zugunsten des letzteren verschieben wird. Die Planung solcher kollektiven Güter auf eine entschieden demokratische Weise wird jedoch mühsam sein, denn es ist unwahrscheinlich, dass sich stets ein reibungsloser Konsens über das Verhältnis von privatem und öffentlichem Konsum und die spezifische Zusammensetzung der kollektiven Güter finden wird. Hier mag einem Oscar Wilde in den Sinn kommen – »The trouble with Socialism is that it takes too many evenings« –, aber das ist die Sache wert.

Es gibt eine Reihe von Problemen rund um die Planung öffentlicher Güter, bei denen mir noch vieles unklar ist, vor allem, was die Rolle von Regierungsinstitutionen angeht. Im Modell der partizipatorischen Ökonomie werden praktisch alle Regierungsfunktionen von Konsumenten- und Produzentenräten und ihren Föderationen übernommen. Der Regierung obliegt vielleicht noch die Aufgabe, bestimmte Regelungen und Vorschriften zu erlassen und durchzusetzen – etwa Geschwindigkeitsbegrenzungen oder die Pflicht der genauen Dokumentation von Umweltbelastungen und externen Effekten. Aber sie ist nicht für die Planung und Herstellung von kollektiven Gütern, welcher Art auch immer, zuständig.

Vielleicht ist es sinnvoll zu unterscheiden, auf welche Art und Weise öffentliche Güter mit den Menschen in Verbindung stehen: ob sie als *Konsument*innen* oder als *Bürger*innen* adressiert werden.

Zum einen lässt sich für bestimmte öffentliche Güter keine saubere Unterscheidung zwischen Konsument*innen und Produzent*innen treffen: Erziehung und Bildung zum Beispiel dienen den Menschen sowohl als Produzent*innen als auch als Konsument*innen, das Gleiche gilt für die Gesundheitsversorgung und öffentliche Verkehrsmittel. Demokratisch verantwortliche Regierungsinstitutionen könnten die Bereitstellung dieser Formen von mehrdimensionalen kollektiven Gütern und die Kontrolle ihrer Leistungsfähigkeit womöglich besser gewährleisten als Konsumenten- oder Produzentenverbände.

Zum anderen gibt es eine Reihe öffentlicher Güter, die in bestimmten wichtigen Punkten den Bedürfnissen der Menschen weder als Konsument*innen noch als Produzent*innen dienen, sondern als Mitglieder einer Gemeinschaft. Öffentliche Treffpunkte und Orte sind kollektive Güter, und in gewissem Sinne werden sie von Menschen »konsumiert«, wenn sie dort für öffentliche Zwecke zusammenkommen, aber das ist nur ein Aspekt ihrer sozialen Bedeutung. Sie tragen auch zur Konstruktion eines öffentlichen Raums und öffentlicher Identitäten bei. Konzertsäle und Theater sind öffentliche Orte, in denen Kunst konsumiert und produziert wird; aber es sind auch kollektive Orte, an denen sich die Menschen ihrer kulturellen Identitäten und Ziele versichern. Ähnliches gilt für Massenmedien, insoweit sie dazu beitragen, Bürgersinn und Solidarität zu stärken.

Das Problem der externen Effekte

Einer der wichtigsten Aspekte in Robins Kritik an Marktwirtschaften ist ihre Unfähigkeit, negative und positive externe Effekte der Produktion angemessen zu berücksichtigen. Gäbe es weder diese externen Effekte noch Machtkonzentrationen (und damit keine Monopolprofite), dann würden die Gleichgewichtspreise der Waren auf den Märkten wahrscheinlich nicht drastisch von durch partizipatorische Planung hervorgebrachten Preisen abweichen. Beide Systeme würden die Preise genau im Einklang mit den tatsächlichen Gesamtkosten der Produktion ausbilden. Aber natürlich gibt es erhebliche positive und negative externe Effekte, und wie mit dem Problem zu verfahren ist, gehört zu den interessantesten und originellsten Aspekten des Modells der partizipatorischen Ökonomie.

Das Hauptproblem externer Effekte liegt für jeden Planungsprozess darin, sie zu quantifizieren, damit sie angemessen in den Preis der Konsumgüter eingerechnet werden können. Externen Effekten lässt sich in zwei Schritten ein Wert zuweisen. Erstens müssen Wissenschaftler*innen und technische Expert*innen die tatsächlichen positiven und negativen Nebenwirkungen eines bestimmten Herstellungsprozesses erfassen, zum Beispiel die Umweltbelastungen durch unterschiedliche Schadstoffe. Die Produzent*innen sind natürlich aufgefordert, über diese Werte Bericht zu erstatten und die Produktion entsprechend zu überwachen. Aber in einem Planungsverfahren ist das nur dann sinnvoll, wenn auch die Möglichkeit einer Bewertung der Schäden besteht. Eine zentrale Rolle spielt hierbei die Wissenschaft, die Informationen zum Beispiel über die Zunahme des Krebsrisikos durch bestimmte Schadstoffe bereitstellt.

Das führt uns zu dem zweiten Schritt: Wie gelingt es uns, dem Schaden einen bestimmten Wert zuzuweisen? Man könnte natürlich sagen, dass null der einzig akzeptable Wert für Umweltbelastungen ist – das könnte sich jedoch in vielen Situationen als enorm kostspielig erweisen. Somit müsste ein Verfahren entwickelt werden, das die Kosten der Schäden durch ein bestimmtes Belastungsniveau mit den Kosten für dessen Verringerung vergleichbar macht. Hierzu findet sich in Robins Modell ein besonders origineller Vorschlag. Im Grunde empfiehlt er, dass die Konsumentenverbände darüber entscheiden, welche Entschädigung sie benötigen, um eine bestimmte Menge an Umweltbelastungen, die ein Produktionsprozess verursacht, zu akzeptieren. So als würde man sagen: Ich bin damit einverstanden, ein um 10 Prozent erhöhtes Krebsrisiko zu haben, wenn mein Konsum um 20 Prozent angehoben wird.

In seinem Buch hat Robin das Verfahren so beschrieben:

»In jeder Iterationsrunde der jährlichen Planungsverfahren gibt es für alle Schadstoffe ›Richtpreise‹, die sich danach bemessen, wie sich die Schäden und sozialen Kosten in einer bestimmten Region auswirken. Was als Schadstoff eingestuft wird und was nicht, wird von Föderationen entschieden, die die Personen repräsentieren, die in der Region leben; die Föderationen werden von angestellten Wissenschaftler*innen beraten. Wenn ein Produzentenrat beantragt, x Einheiten eines bestimmten Schadstoffes in der betroffenen Region zu emittieren, wird der Richtpreis für die Emission mit x multipliziert [...]. Der Konsumentenrat der betroffenen Region schaut auf den Richtpreis für eine Einheit des Schadstoffes und entscheidet, wie viele Emissionseinheiten er genehmigen will. Der Rat kann auch entscheiden, dass er gar keine Emissionen dieses Schadstoffes in der Region zulassen will. Falls er aber x Einheiten eines Schadstoffs freigibt, dann erhält er eine ›Gutschrift‹ im Wert des X-fachen des Richtpreises dieses Schadstoffs.

Was bedeutet eine solche ›Gutschrift‹ für einen Konsumentenverband? Der Verband kann dann mehr öffentliche Güter für seine Mitglieder erwerben, oder die einzelnen Mitglieder können mehr Konsumgüter verbrauchen, als ihnen nach ihren *effort ratings* zustünden.« (S. 124–125)

Wenn die von den Emissionen betroffenen Konsument*innen nicht bereit sind, die Höhe der Entschädigung zu akzeptieren, dann steigt der Preis des Schadstoffes in der nächsten Runde des iterativen Planungsprozesses. Und wenn der Preis zu hoch ist, die Konsument*innen also mehr Emissionseinheiten erwerben wollen, als die Produzent*innen beantragt haben, dann sinkt der Preis in der nächsten Runde. Das Prozedere wird so lange fortgesetzt, bis ein Gleichgewicht erreicht ist.

Das ist in der Tat ein cleveres Verfahren. Die wichtigste Alternative dazu, die Robin diskutiert, wäre eine Verschmutzungssteuer (die »Pigou-Steuer«[9]), mit der der Verursacher von negativen externen Effekten belastet wird. Die Schwierigkeit bei einer solchen Steuer besteht allerdings darin – wie Robin anmerkt –, deren Höhe so zu bemessen, dass sie die Umweltbelastungen vollständig abdeckt. Hierfür schlägt Robin schlägt, wie schon gesehen, ein kollektives Aushandlungsverfahren vor; er beschreibt den Prozess als iterative Anpassung des Richtpreises für Verschmutzungsrechte, aber man könnte das Verfahren ebenso gut als eine Methode zur Bestimmung der Pigou-Steuern auf Schadstoffe begreifen. Das kommt einem Quasi-Markt gleich, auf dem als Käufer*innen und Verkäufer*innen die

Räte stellvertretend für die Konsument*innen und Produzent*innen agieren.

Diese Methode zur Berechnung des Wertes von externen Effekten könnte in einigen Fällen gut funktionieren, aber sie könnte auch leicht extrem komplex und schwerfällig werden. Es sind eine Reihe von Problemen im Spiel: Die räumlichen Grenzen einer bestimmten Schadstoffquelle können den Grenzen einer bestimmten Konsumentenföderation entsprechen. Sie können aber auch größer oder kleiner sein: In diesen Fällen würde die Föderation als Ganzes nicht die subjektive Bewertung der von der Emission Betroffenen wiedergeben. Hätten dann die am meisten betroffenen Verbraucher*innen die Möglichkeit, sich zu Ad-hoc-Räten zusammenzuschließen, um auf höhere Preise für die Verschmutzungsrechte zu bestehen oder die Emission ganz zu verhindern? Und abgesehen davon, dass verschiedene Teile einer Region unterschiedlich starke Schäden erleiden, könnten sich in der Bevölkerung des Gebiets beträchtliche Differenzen bei der Frage auftun, wie besorgniserregend die Verschmutzungen einzustufen sind.

Diese offensichtlichen Probleme bei dem Versuch, Emissionsschäden zu bemessen, werden noch komplizierter, wenn das Verfahren auf Partizipation und Deliberation beruht. Hinzu käme schließlich, dass sich die Produzent*innen – wenn ich das Verfahren richtig verstanden habe – wahrscheinlich mit sehr unterschiedlichen Umweltsteuern (bzw. in die »Richtpreise« einkalkulierten Kosten) auf die gleichen Güter in verschiedenen Orten konfrontiert sehen. In Gebieten, in denen die Verbraucher*innen sich über die Emissionen weniger Sorgen machen, könnten sie also zu geringeren Kosten produzieren. Die gleichen Güter hätten dann unterschiedliche Richtpreise, und zu höheren Kosten Produzierende wären einer Situation ausgesetzt, die dem Konkurrenzdruck in der Marktwirtschaft ähnelt.

Wenn man oben beschriebene Probleme in Rechnung stellt und bedenkt, dass es viele Tausende Schadstoffe gibt, könnte sich der iterative Prozess als äußerst schwerfällig und inkonsistent erweisen. In einer solchen Situation entscheiden sich die Verbraucher*innen womöglich für ein einfacheres System: Gesetzliche Vorschriften, die die Emission bestimmter Schadstoffe begrenzen, könnten mit einheitlichen Steuern auf externe Umweltkosten verbunden werden. Da in einer partizipatorischen Ökonomie – anders als im Kapitalismus – die Entscheidungsgewalt einer demokratischen Regierung nicht durch die Konzentration privater Macht deformiert wird, könnten die Konsument*innen als Bürger*innen die Einheitlichkeit und Berechenbarkeit eines solchen Regulierungssystems vorziehen, obwohl es weniger unmittelbar auf die besonderen Präferenzen der Bürger*innen als Konsument*innen reagiert.

Planung, Risiko und Innovation

Ich habe kein Problem mit dem Grundsatz, dass ein Großteil der Investitionen in neue Projekte durch einen partizipatorischen Planungsprozess, bei dem verschiedene Formen von Räten und Föderationen eingebunden sind, effektiv erfolgen kann. Und wie die institutionellen Arrangements genau auszusehen werden, scheint mir von untergeordneter Bedeutung.

Zweifel habe ich jedoch, ob ein optimales System in jedem Fall alle marktähnlichen Allokationen sowie Investitionen außerhalb des Planungsprozesses ausschalten sollte. Hierzu ein Beispiel:

Nehmen wir an, einige Leute hätten die Idee für ein neues Produkt entwickelt, könnten aber den zuständigen Rat – der die Tragfähigkeit des Projekts bezweifelt – nicht davon überzeugen, ihnen die notwendigen Investitionsgüter und Rohstoffe zur Verfügung zu stellen. Eine alternative Möglichkeit der Finanzierung des Projekts könnte durch eine Form von »Crowdfunding« nach dem Vorbild von Kickstarter erfolgen. Die Produzentengruppe würde eine Beschreibung des Projektes ins Internet stellen und ihren Materialbedarf erläutern. Sie appellierten an die Mitbürger*innen, einen Teil ihrer jährlichen Konsumrechte für das Projekt zur Verfügung zu stellen oder durch Überstunden am Arbeitsplatz die zusätzlichen Mittel aufzubringen.

Sobald auf diese Weise ausreichende Mittel zusammengekommen wären, könnte das Vorhaben fortgesetzt werden. Das könnte zum Beispiel ein experimentelles Theater-Projekt sein, das der zuständige Kulturrat für Ressourcenverschwendung hält, oder auch ein neues Produkt.

Es sind vielfältige Motive vorstellbar, warum Leute solche Vorhaben freiwillig unterstützen: Sie glauben beispielsweise an den sozialen Wert des Projektes und sind daher willens, die Mittel als verlorenen Zuschuss bereitzustellen (so wie das auch bei eine Reihe von Kickstarter-Kunstprojekten der Fall ist). Oder sie wollen gerne ein neues Produkt haben, das sie dann als Erste im Tausch gegen ihren Zuschuss erhalten: Dies käme einer langfristigen Vorbestellung des Produkts gleich. Oder sie sind – das würde an Investitionen in der Marktwirtschaft erinnern – nur an einer positiven Rendite interessiert.

Die Frage ist dann: Sollten solche Praktiken in einer partizipatorischen Ökonomie verboten werden? Robin weist darauf hin, dass – vor allem, wenn Renditen auf Investitionen erlaubt sind – solche Projekte eine Art Marktnische ausbilden könnten:

> »In einer partizipatorischen Ökonomie müssen neu gründende Produzentenräte eine Art ›Kostenvoranschlag‹ über die benötigten Ressourcen einreichen, die sie für den Start des Projektes benötigen. Wenn ihr Vorschlag bewilligt wird, können sie weitermachen, andernfalls nicht. So wie Banken im Kapitalismus die Kreditwürdigkeit von Business-Plänen neu gegründeter Unternehmen prüfen, so beurteilen in der partizipatorischen Ökonomie die Industrie-Föderationen, ob eine Gruppe, die einen neuen Produzentenrat bilden möchte, ›kreditwürdig‹ ist.« (S. 111–112)

In der Regel werden die Industrie-Föderationen vermutlich fundierte Entscheidungen treffen. Immerhin bestehen keine Anreize, kreative, gut durchdachte Vorschläge zu blockieren. Aber womöglich wären sie auch übertrieben risikoscheu oder voreingenommen. Und natürlich könnte es auch Formen der sozialen Ausgrenzung geben, die bestimmte Projekte – etwa künstlerische Unternehmungen – marginalisieren. Wenn in Robins Modell eine Gruppe nicht die Zustimmung der Föderation gewinnen kann, dann hat sie schlicht Pech gehabt. Mehr Flexibilität in diesem Punkt wäre gewiss wünschenswert. Wenn solche Prozesse erlaubt wären, entstünden indes sicher eine ganze Reihe von Projekten außerhalb der normalen Planungsprozesse und brächten möglicherweise unerwünschte Ungleichsdynamiken hervor. Allerdings ließe sich mit einer Reihe von Regeln solchen Kräften entgegenwirken. Etwa durch strenge Obergrenzen für die Höhe der Nebeneinkommen, die aus solchen »privaten« Investitionen resultieren. Zudem könnte ein Investitionsvorhaben, sobald es sich als tragfähig erwiesen hat, nach und nach in das reguläre Planungsverfahren eingebunden werden; des Weiteren müssten neu gegründete Unternehmen intern demokratisch organisiert sein, und sie unterlägen natürlich den üblichen externen Steuern. In einer entschieden demokratischen Ökonomie würden die Teilnehmer meiner Vermutung nach Mechanismen einbauen, die solche Formen der Risikobereitschaft unterstützen, somit strukturelle Verkrustungen vermeiden und das System als Ganzes dynamischer gestalten. Unter den Rahmenbedingungen substanzieller materieller Gleichheit und demokratischer Kontrolle der Spielregeln kann ein gewisses Maß Kapitalismus eine gute Sache sein.

Die Prognose kann natürlich auch falsch sein. Es könnte sich herausstellen, dass selbst bescheidene marktähnliche Elemente derart zerstörerisch auf egalitäre Prinzipien wirken, dass nach einer Phase des Experimentierens solche Praktiken durch eine demokratische Entscheidung gänzlich verboten würden. Aber mir scheint das unwahrscheinlich.

Die Organisation der Arbeit und die Vergütung

Robins normative Prinzipien und seine grundlegenden Ideen zur Organisation und Vergütung von Arbeit teile ich voll und ganz. Aber wie lassen sich dieses Ideale in der Praxis umsetzen?

Gleichgewichtige Arbeitsplätze

In meinem Buch *Reale Utopien* definiere ich das Prinzip der Gerechtigkeit so: »In einer gerechten Gesellschaft haben alle Menschen den gleichen Zugang zu den sozialen und materiellen Voraussetzungen für ein gelingendes Leben.« Das steht im Einklang mit Robins Vorschlag der »gleichgewichtigen

Arbeitsplätze«. Einer der sozialen Grundlagen für ein gedeihendes Leben ist eine sinnvolle und interessante Arbeit. Gerechtigkeit bedeutet hier, dass die Arbeitsplätze einen ähnlichen Mix von negativen und positiven Eigenschaften aufweisen sollten (zum Beispiel mühselige und angenehme, stressige und entspannende Aufgaben). Wesentliche Abweichungen von diesem Ideal würden das Gerechtigkeitsprinzip verletzen.

Da die vollständige Umsetzung des Ideals oftmals schwierig sein wird, schlägt Robin Kompensationen vor. So könnten Jobs mit einem überdurchschnittlichen Anteil von unangenehmen Arbeiten mit höheren *effort ratings* pro Stunde bewertet werden, sodass eine Person dann weniger Stunden arbeiten müsste, um das Standard-Vollzeitentgelt zu erhalten.

Aber es gibt noch ein anderes Problem, das nicht in erster Linie mit der Einrichtung ausbalancierter Arbeitsplätze zu tun hat. In einer partizipatorischen Ökonomie könnte es sein, dass man es für die Verschwendung von Talent hält, wenn Menschen mit besonderen Fähigkeiten und Leistungsvermögen genauso viel anspruchslose Arbeit erledigen müssen wie andere. Das heißt zwar nicht, dass sie eine höhere Vergütung erhalten würden, die sich ja nach dem Aufwand und nicht nach dem Ergebnis bemisst. Es könnte aber dazu führen, dass die Gemeinschaft demokratisch entscheidet, für bestimmte Leute oder Aufgaben keine gleichgewichtigen Arbeitsplätze anzustreben.

Dies ist vergleichbar mit dem Problem, ob Produzent*innen für Innovationen extra bezahlt werden sollen oder ob privat finanzierte Investitionen für Projekte möglich sind, die von den Föderationen abgelehnt wurden. Gleichgewichtige Arbeitsplätze entsprechen am besten dem Ideal der Gerechtigkeit in der Arbeitsorganisation, aber Gerechtigkeit ist nicht der einzige bedeutende Wert; und so ist es sinnvoll, Kompromisse zugunsten anderer Werte in Betracht zu ziehen.

Wie oft wird sich das Problem stellen? Ich habe wirklich keine Ahnung. Die Auswirkungen solcher Abweichungen auf das Einkommen werden jedenfalls gering sein (weil die Einkünfte weiterhin an den Aufwand gebunden bleiben). Und vor dem Hintergrund einer tiefgreifenden Neuordnung von Arbeit und Freizeit wird die Frage der ausbalancierten Arbeitsplätze weniger Bedeutung haben: Denn es macht einen großem Unterschied, ob die durchschnittliche Wochenarbeitszeit 15 oder 40 Stunden beträgt.[10]

Effort-ratings als Grundlage für Einkommensunterschiede

Egalitäre Positionen gehen meist davon aus, dass Ungleichheiten aufgrund von *brute luck* – Dingen, über die man keine Kontrolle hat – ungerecht sind. Das ähnelt Robins Standpunkt: Ungleichheiten, die sich aus Unterschieden in den natürlichen Talenten ergeben, sind ungerecht. Dies gilt weitgehend auch für Einkommensunterschiede aufgrund unterschiedlicher Bildung, die nur gerechtfertigt seien, wenn der Bildungserwerb mit beträchtlichen Opfern aufseiten der Studierenden verbunden wäre. Genau das ist aber in einer partizipatorischen Ökonomie nicht der Fall, weil die Bildung kostenfrei ist und Studierende angemessene Stipendien erhalten. Robin geht noch einen Schritt weiter, indem er kategorisch jede Ungleichheit ablehnt, die sich durch unterschiedliche wirtschaftliche »Beiträge« begründet, auch wenn jeder die Möglichkeit hat, seine Fähigkeiten, damit seine Produktivität und so auch seinen »Beitrag« zu erhöhen. Dieser sehr allgemeinen Idee würde ich mich anschließen.

Allerdings sehe ich eine Reihe von komplizierten Problemen bei der Umsetzung dieses Ideals, sodass ich mir die Frage stelle, ob es letztlich nicht besser wäre, allen einfachen den gleichen Stunden»lohn« zu zahlen, statt zu versuchen, ihren »Beitrag« zu beurteilen.

Robin argumentiert, dass die Leute im Allgemeinen eine ziemlich gute Vorstellung davon haben, wie viel Mühe ihre Kolleg*innen aufwenden, da sie weitgehend ähnliche Arbeitsplätze haben. Die Leute sollten daher in der Lage sein, sinnvolle *effort-ratings* der Kolleg*innen vorzunehmen. Sicher wird das manchmal der Fall sein, aber es gibt viele Arten von Arbeiten, bei denen es sehr schwierig ist, festzustellen, welche Anstrengung jemand erbringt. Denn »Anstrengung« bedeutet im Hinblick auf Vergütungseinstufungen ja so viel wie »Opfer« oder »Last«. Die Grundidee ist, dass es in einer kooperativen Wirtschaft legitim ist, Leute geringer zu entlohnen, wenn sie sich nicht mit vollem Einsatz beteiligen. Aber verschiedene Menschen können genau die gleiche Intensität der Arbeit als sehr unterschiedliche Belastung erfahren. Acht Stunden am Schreibtisch zu sitzen und intensiv zu schreiben ist für manche Professor*in ein erhebendes Gefühl, anderen erscheint es als Folter. Ebenso kann intensive körperliche Arbeit eine größere oder geringere Belastung bedeuten, je nachdem, wie fit jemand ist.

Sicherlich lässt sich manchmal zuverlässig feststellen, dass sich jemand nicht sehr bemüht und seine Aufgaben vermasselt hat; aber das hat dann wahrscheinlich mehr mit mangelnder Sorgfalt oder fehlendem Verantwortungsgefühl zu tun als mit geringer Anstrengung. Leute gemäß ihrer tatsächlichen Belastung zu entlohnen – und das ist in Robins Modell von zentraler moralischer Bedeutung – wird selbst bei gleichartigen Arbeitsplätzen nicht sehr leicht sein.

Noch schwieriger wird diese Aufgabe, wenn es gilt, sehr unterschiedliche Jobs zu vergleichen. Ich weiß wirklich nicht, ob ein eifriger Musiker, der fünf Stunden am Tag übt, eine größere oder geringere »Anstrengung« erbringt als ein Kellner oder ein Taxifahrer, die genauso lange arbeiten. Aber einfach festzulegen, dass der durchschnittliche Arbeitsaufwand bei allen Jobs der gleiche ist, erscheint genauso wenig plausibel. Ich würde es als unerträgliche Belastung empfinden, wenn ich vier Stunden am Tag die Mautgebühren an einer Brücke kassieren müsste; 60 Stunden in der Woche zu schreiben und Vorträge zu halten ist für mich indes ein Vergnügen. Einem Mautner mag es genau umgekehrt gehen. Was bedeutet nun also »Anstrengung/Aufwand«?

Ich bin nicht sicher, wie mit dem Problem am besten zu verfahren wäre. Wir müssen hier nicht weiter ins Detail gehen, aber gegen Robins Vorschlag, die Arbeitenden nach Anstrengung/Aufwand zu entlohnen, habe ich eingewendet, dass Beschäftigte bereit sein können, intensiver zu arbeiten, ohne dies als zusätzliche »Anstrengung« im Sinne von größeren Belastungen zu empfinden. Wenn man diese Beschäftigten zusätzlich entlohnt, dann für den größeren Beitrag, den sie pro Arbeitsstunde erbringen, und nicht unbedingt für die zusätzliche Belastung. Ein solches Verfahren kann zu Motivationszwecken wünschenswert sein, aber es käme am Ende einem leistungsorientierten Vergütungssystem näher als einem System, das auf Anstrengung/Aufwand basiert.

Als weitere Möglichkeit ließe sich die Arbeitsbelastung unterschiedlicher Arbeitsplätze danach bewerten, wie schwierig es ist, Beschäftigte für die verschiedenen Arbeitsaufgaben zu gewinnen.

Trotz der Versuche, möglichst gleichgewichtige Arbeitsplätze einzurichten, könnte es ein Problem sein, Arbeitskräfte für manche Arten von Jobs zu finden, weil sie alles im allem wenig attraktiv sind – hier könnte eine zusätzliche Vergütung Abhilfe schaffen. Dies würde allerdings dem Marktmechanismus zur Regelung der Arbeitsmarktes ähneln: mit höheren Löhnen Arbeitnehmer*innen akquirieren.

Angesichts dieser Reihe von Problemen würde das optimale Vergütungssystem vielleicht besondere Belastungen von Arbeitnehmer*innen mit zusätzlichen

Belohnungen ausgleichen. Ansonsten erhielten alle den gleichen Stundenlohn, wobei eine Obergrenze für die Anzahl der Stunden, die als »Arbeit« gezählt werden können, festgelegt werden würde; um geringe Abweichungen würde man aus pragmatischen Gründen wenig Aufhebens machen.[11] Das wäre keine Absage an den moralischen Grundsatz, dass die Vergütung nach Anstrengung/Aufwand erfolgt: Dieses Prinzip könnte als regulatives Ideal in den demokratischen Beratungen über angemessene »Lohn«systeme dienen, aber es wäre nicht die direkte Grundlage für die Ausdifferenzierung der Einkommen.

Schlussbemerkung

Robins Untersuchungen zu den normativen Prinzipien und institutionellen Ausgestaltungen einer partizipatorischen Ökonomie (und die frühere gemeinsame Arbeit mit Michael Albert sowie Alberts eigenes Buch *Parecon*) sind einer der wenigen systematischen zeitgenössischen Versuche, ein umfassendes Modell einer emanzipatorischen Alternative zum Kapitalismus zu entwickeln. Auch wenn die spezifischen institutionellen Vorschläge vielleicht niemals in die Tat umgesetzt werden: Elemente dieser Modelle sollten auf jeden Fall Bestandteil jeder ernsthaften Diskussion zur Überwindung des Kapitalismus in eine demokratische, egalitäre Richtung sein. Und da wir von einer Welt jenseits des Kapitalismus weit entfernt sind, ist es vielleicht noch wichtiger, mit der partizipatorischen Ökonomie verbundene Ideen in Form von konkreten, alternativen Projekten innerhalb des bestehenden sozio-ökonomischen Systems umzusetzen.

Anmerkungen

1 Dabei beziehe ich mir vor allem auf Robins Buch *Of the People, by the People: The Case for a Participatory Economy* (Portland 2012), nicht nur auf seinen ersten Beitrag zum vorliegenden Band.

2 Ein engerer Begriff von »Gerechtigkeit« wäre nur dann angebracht, wenn man davon ausginge, dass Gerechtigkeitserwägungen stets andere Werte dominierten. Einige liberale politische Theoretiker scheinen das zu behaupten: Wenn es einen Konflikt zwischen Gerechtigkeit und anderen Werten gebe, dann falle die Entscheidung zugunsten der Gerechtigkeit aus, sie habe – so der philosophische Begriff –»lexikalische Priorität.« Weder Robin noch ich räumen der Gerechtigkeit ein derartiges Übergewicht ein. In Robins Überlegungen ist Humanität von ebenso großer Bedeutung wie Gerechtigkeit. Zudem – das wird an manchen Stellen seiner Analyse deutlich – geht er davon aus, dass mitunter auch Verletzungen des Gerechtigkeitsprinzips zugunsten der Effizienz unvermeidbar sind (darauf komme ich bei der Erörterung der Innovationsproblematik zurück).

3 Anders als gelegentlich konstatiert wird, würde ein zukunftsfähiges postkapitalistisches Wirtschaftssystem – wie das von Robin vorgeschlagene Modell – keine hohen Wachstumsraten erfordern (es sei denn natürlich, dass die Beteiligten einer solchen Wirtschaft es wünschten). Die dauerhafte Tragfähigkeit einer solchen Ökonomie indes erfordert, dass die Zustimmung der Beteiligten nicht durch die Auswirkungen ihrer Funktionsweise unterlaufen wird.

4 Der Einfachheit halber benutze ich hier den Begriff »Verkauf«, obwohl in der partizipatorischen Ökonomie der Austausch zwischen Verbraucher*innen und Produzent*innen strenggenommen nicht dem Kauf und Verkauf im marktüblichen Sinne entspricht.

5 In diesem Text werde ich meine Kommentare strikt auf Robins Arbeiten zur partizipatorischen Ökonomie begrenzen, wobei mir natürlich bekannt ist, dass viele der Ideen gemeinsam mit Michael Albert entwickelt wurden.

6 Wie Robin lehne ich ein enges Verständnis von Effizienz ab: Viele Ökonom*innen verstehen darunter den profitmaximierenden Einsatz von Ressourcen auf einem Markt. Effizienz in der Produktion muss vielmehr die Allokation aller Ressourcen (einschließlich des Zeitbudgets aller Teilnehmer*innen) so optimieren, dass der beste Ausgleich mit alternativen Nutzungen dieser Ressourcen erzielt wird; zudem müssen positive und negative externe Effekte in vollem Umfang berücksichtigt werden.

7 Michael Albert: Parecon. Leben nach dem Kapitalismus. Frankfurt/M. 2006.

8 Meine Verständnismängel sind sicher nicht darin begründet, dass ich die ökonomischen Analysen, auf die sich Robin in seinem Aufsatz bezieht, nicht gelesen hät-

te; diese Studien führt er als Beweis an, dass seine Planungsmechanismen optimale Ergebnisse erzielten. Ich bin allerdings skeptisch, ob die mathematischen Modelle angemessen wiedergeben, wie die Institutionen des Planungsprozesses tatsächlich über einen längeren Zeitraum funktionieren werden. Dies ist wohl zum Teil der Skepsis eines Soziologen geschuldet: Wie empirisch robust Schlussfolgerungen sein können, die aus formalen mathematischen Modellen komplexer sozialer Prozesse gezogen werden können, scheint mir fraglich.

9 Die Steuer ist benannt nach dem englischen Nationalökonomen Arthur Cecil Pigou (1877–1959) [Anm. d. Ü.].

10 Wir sollten nicht vergessen, dass Marx' Konzeption eine massive Reduzierung der Arbeitszeit in einer kommunistischen Gesellschaft vorsieht: Das »Reich der Notwendigkeit« – die Arbeitsmenge, die zu Befriedigung der Bedürfnisse geleistet werden muss – würde drastisch reduziert und das »Reich der Freiheit« entsprechend ausgeweitet.

11 Eine große und erfolgreiche Genossenschaft in Kopenhagen, die Baufirma Logik & Co., die sich im Besitz der Arbeitnehmer*innen befindet, zahlt jede*r Mitarbeiter*in exakt den gleichen Stundenlohn – wobei niemand für mehr als 40 Arbeitsstunden bezahlt wird. Oft arbeiten die Leute länger, das wird als Zeichen gewertet, dass die Mitarbeiter*innen das Verfahren unterstützen. Die wenigen wirklich Arbeitsunwilligen werden sozial sanktioniert oder auch entlassen. (Die Informationen habe ich während eines Besuches 2012 bekommen, aber nicht detailliert überprüft.)

Robin Hahnel

Partizipatorische Ökonomie: Eine Verteidigung

Der wichtigste Streitpunkt

Ich beginne mit Eriks Charakterisierung unserer Uneinigkeit in Bezug auf die Märkte: »Robin ist sehr zuversichtlich, dass eine komplexe, großräumige Ökonomie – im Prinzip sogar eine Weltwirtschaft –, in der Märkte komplett durch partizipatorische Planung ersetzt würden, gut funktionieren könnte.« Ja, das ist korrekt. Erik schreibt weiter: »Meiner Ansicht nach sollte die optimale institutionelle Konfiguration einer demokratisch-egalitären Wirtschaft stattdessen verschiedene Formen von partizipatorischer Planung, staatlichen Regulierungsmechanismen und Märkten kombinieren.« Ich gehe davon aus, dass Erik den Vorschlag in der zweiten Runde dieses Dialogs ausführlich erörtern wird. Ich würde das – auch wenn sich Erik nicht als Marktsozialist bezeichnet –, eine pragmatische, differenzierte Version von Marktsozialismus nennen, den ich hoffentlich ähnlich umsichtig und solidarisch kritisieren werde, wie Erik die partizipatorische Ökonomie kritisiert hat. Erik weiter:

> »Zweifel habe ich daran, dass eine institutionelle Ausgestaltung, in der Märkte vollständig eliminiert wurden – in der Märkte also keine wie auch immer geartete Rolle bei der wirtschaftlichen Koordination spielen –, so effizient ist wie eine Konfiguration, die verschiedene Formen der wirtschaftlichen Koordination vereint: partizipatorische Planung, zentrale Regulierungen und marktwirtschaftliche Interaktionen. […] Ich verstehe die ›Märkte‹ nicht als binäre Konzeption, nach der jede Transaktion entweder eine Markttransaktion ist oder nicht.«

Verständlicherweise empfiehlt Erik kein System, in dem die Wirtschaftstätigkeit allein über Märkte organisiert wird. Allerdings ist es in der Tat eine »binäre« Wahl, ob es in einem System Märkte gibt oder nicht – in diesem Punkt sind wir uns uneinig.

Zu Beginn des 20. Jahrhunderts sahen so gut wie alle Gegner*innen des Kapitalismus die Marktwirtschaft als eine zerstörerische Kraft an, die durch demokratische Planung ersetzt werden müsse. Sie wollten nicht nur das Privateigentum an den Produktionsmitteln in gesellschaftliches Eigentum überführen, sondern auch die anonyme Herrschaft der Märkte durch ein System der bewussten, demokratischen Planung beenden. Im mittleren Drittel des 20. Jahrhunderts änderten sozialdemokratische Parteien ihre Position in dieser Frage und entwickelten eine Perspektive, wie sie Eric oben beschreibt: ein System, das Märkte mit staatlicher Regulierung und Planung kombiniert. Auf den Untergang der Planwirtschaft und den Triumphalismus des freien Marktes in den letzten beiden Dekaden des 20. Jahrhunderts reagierten viele Radikale der Generation, der auch Erik und ich angehören, indem sie die Sozialdemokraten und deren Version der »sozialisierten Märkte« unterstützten; zugleich stimmten sie der Kritik der umfassenden Planung zu, wie sie die konservativen Chefdenker des Kapitalismus (wie Ludwig von Mises und Friedrich August von Hayek) fünfzig Jahre zuvor formuliert hatten.

Das partizipatorische Planungsverfahren, das ein zentraler Teil des partizipatorischen Wirtschaftsmodells ist, zeigt meines Erachtens, dass diese Zugeständnisse an die praktische Notwendigkeit der Märkte unbegründet sind – zum Glück, da die verheerenden Auswirkungen der Märkte desto deutlicher werden, je mehr der kapitalistische Weltmarkt seinen Wirkungsraum ausweitet und dabei Gesellschaft und Umwelt gleichermaßen immer mehr zerstört.

Wie ich in meinem Einleitungsbeitrag schrieb, besteht die »Anklage gegen die Märkte« logischerweise aus zwei Teilen: 1. Wie schlimm sind Märkte? Und 2.: Gibt es eine erstrebenswerte, realisierbare Alternative?

An dieser Stelle werde ich auf Eriks spezifische Kritik an unserer Alternative zu den Märkten, also der partizipatorischen Planung, eingehen. Meine Argumente gegen den Einsatz von Marktelementen werde ich zurückstellen, bis Erik detaillierter dargelegt hat, warum er diese für wünschenswert hält.

Einen Einwand gegen Märkte im weitesten Sinne möchte ich jedoch vorwegnehmen: Wenn eine Arbeitsteilung durch Märkte koordiniert wird, werden diejenigen, die andere übervorteilen, häufig belohnt, während diejenigen, die sich sozial verantwortlich verhalten, dafür oftmals bestraft werden. Aus diesem Grund wirken Märkte wie bösartige Wucherungen, die die Bemühungen um den Aufbau und die Vertiefung partizipatorischer und gleichberechtigter Zusammenarbeit untergraben. Wer die Verbraucherfreundlichkeit von Märkten für die Konsument*innen betont, übersieht meiner Ansicht nach das Ausmaß der sozial zerstörerischen Auswirkungen, die Märkte zu entfesseln wissen. Ich denke, dass wir die Vorteile, die Märkte bieten, auch durch partizipatorische Planung erreichen können und dabei die destruktiven Effekte, die Marktbeziehungen haben, vermeiden. Dass dies funktionieren kann, hat Erik in verschiedenen Punkten – die ich nun im Einzelnen diskutieren werde – angezweifelt.

Die Planung des privaten Konsums

In Bezug auf die Planung des privaten Konsums diskutiert Erik zwei Probleme: Wie sinnvoll ist diese Planung überhaupt? Und: Sind die Nachjustierungen nicht eigentlich Formen von Marktmechanismen? Dabei wirft er die Frage auf, wie detailliert die Vorbestellungen der Konsument*innen sein können oder sollen – wie schon andere Kritiker*innen vor ihm.

David Schweickart etwa macht sich in seiner 2006 erschienenen Rezension von *Parecon. Leben nach dem Kapitalismus*[1] unter der Überschrift *Nonsens hoch drei* über die Planung des privaten Konsums lustig. Seth Ackerman (in *Jacobin* Nr. 9, 2013) lehnt die partizipatorische Ökonomie allein wegen der Konsumplanung ab. Und wenn ich meine Student*innen in Seminaren gefragt habe, ob sie persönlich in einer partizipatorischen Ökonomie leben wollten, kamen sie vor allem wegen der Konsumplanung ins Grübeln.

David Schweickart formuliert es so: »Sofern die Vorbestellungen nicht quälend detailliert ausformuliert sind, werden die Produzent*innen nicht wissen, was sie herstellen sollen. In jedem Fall sind sie wenig motiviert, herauszufinden, was die Menschen wirklich wollen.« Seth Ackerman schien es ausreichend, die Idee einer umfassenden Planung mit einem einfachen Hinweis vom Tisch zu wischen: »Bei Amazon gibt es allein in der Kategorie ›Küche und Esszimmer‹ zwei Millionen Produkte!« Und Erik schreibt:

> »Das Problem ist, dass die groben Kategorien im Grunde keine nützlichen Informationen für die Produzent*innen liefern. Es hilft den Hersteller*innen von Hemden nicht sonderlich, wenn sie – auf Grundlage der Aggregation individueller Konsumwünsche – wissen, dass die Verbraucher*innen planen, einen bestimmten Prozentsatz ihres Budgets für Kleidung auszugeben. Sie müssen wissen, wie viele Hemden welchen Stils und welcher Qualität sie produzieren sollen, da diese sehr unterschiedliche Richtpreise haben […].«

Da dieses Problem in den Köpfen der Kritiker*innen einen derart prominenten Platz einnimmt, hat es einen Namen verdient. Nennen wir es das »Lederfreie, lilafarbene High Heels mit gelber Spitze in Größe 37«-Problem.

Einfach gesagt, stellt sich der Sachverhalt so dar: Ein Schuhproduzent muss wissen, dass er ein Paar lederfreie, lilafarbene High Heels mit gelber Spitze in Größe 37 herstellen soll. Es ist jedoch unrealistisch anzunehmen, dass die Verbraucherin, die irgendwann einmal feststellt, dass sie ein Paar lederfreie, lilafarbene High Heels mit gelber Spitze in Größe 37 haben möchte, diesen Wunsch zu Beginn des Jahres im Rahmen ihrer Jahresverbrauchsplanung angeben wird.

Woher weiß ein Schuhproduzent in einer Marktwirtschaft, dass er genau die besagten High Heels produzieren soll und nicht eine andere Ausführung? Er stellt Vermutungen darüber an, was die Verbraucher*innen wollen, wenn sie Schuhe einkaufen gehen. Die Vermutungen basieren auf Erfahrungen sowie auf Konsumforschung, die Informationen über bestimme Zielgruppen einschließt. Und viele große Unternehmen nutzen die neuen Möglichkeiten der Datenerfassung und -verarbeitung, um die zukünftigen Kundenwünsche zu ermitteln. Wenn ich mich bei Amazon über ein Buch informiere, sagt mir die Website, welche anderen Bücher mich interessieren könnten. In unserer schönen neuen Marktwirtschaft wissen die Unternehmen oft, was wir wollen, bevor wir es selbst wissen! Zudem versuchen in Marktwirtschaften die Unternehmen mein Kaufverhalten durch Werbung zu beeinflussen: Ein Hersteller entscheidet, Schuhe in einem bestimmten Stil zu produzieren, um dann durch Werbung die Leute dazu zu bringen, Schuhe in diesem Stil auch zu kaufen.

Kurzum: In Marktwirtschaften müssen die Firmen erraten, was sie produzieren sollen – denn meist finden Verkäufe nicht aufgrund von Vorbestellungen statt –, und sie nutzen Werbung, um die Verbraucher*innen zu beeinflussen, ihre Produkte zu kaufen. Neue Technologien der automatisierten Inventur und Verbraucher-Datenbanken lassen genauere Schätzungen zu, aber letztlich müssen die Produzent*innen immer noch raten, was die Konsument*innen wünschen.

Dieses Ratespiel bringt große Ineffizienzen hervor, die ein wesentliches Merkmal der Marktwirtschaft sind. Anders als in Planwirtschaften wird in Marktökonomien kein Versuch unternommen, die Produktions- und Konsumentscheidungen der Akteure zu koordinieren, bevor diese ihre Entscheidungen treffen. Das Ergebnis ist das, was Ökonomen als *false trading* bezeichnen: Transaktionen zu Preisen, die darin scheitern, Angebot und Nachfrage in Übereinstimmung zu bringen – was ziemlich oft geschieht. Kompetente Wirtschaftstheoretiker*innen wissen, dass *false tradings* erhebliche Ineffizienzen hervorbringen und dass in Marktsystemen Ungleichgewichte bei der Anpassung von Mengen und Preisen entstehen. Die Vorstellung, dass in der Marktwirtschaft der Vorteil der Verbraucher*innen, ihren Konsum nicht planen zu müssen, ohne Nachteile zu haben ist, basiert auf der völlig falschen Annahme, dass Marktsysteme sich im allgemeinen Gleichgewicht befinden. Trotz all ihrer Mängel haben die Planwirtschaften des 20. Jahrhunderts nicht jene Depressionen und Rezessionen hervorgebracht wie die sich wechselseitig verstärkenden Ungleichgewichte in Marktwirtschaften.

Aber wie soll nun das Planungsverfahren in einer partizipatorischen Wirtschaft vonstattengehen, wo der bewusste Versuch unternommen wird, Produktions- und Konsumentscheidungen zu koordinieren, bevor die Produktion startet?

Beginnen wir mit den Informationen, die die Verbraucher*innen über die bereits verfügbaren Güter haben. Ironischerweise sind die zwei Millionen

Produkte in der »Küche und Esszimmer«-Abteilung von Amazon nicht etwa ein Hinweis auf unüberwindbare Probleme, die eine umfassende wirtschaftliche Planung unmöglich machen. Im Gegenteil ist das ein wunderbares Beispiel dafür, wie leicht sich Verbraucher*innen heute Kenntnis von der enormen Vielfalt der Produkte verschaffen können, die in einer partizipatorischen Wirtschaft verfügbar sein werden. So wie Amazon es heute auch macht, können Verbraucherverbände Abbildungen und Detailangaben für Millionen von Produkten bereitstellen, für Konsument*innen, die online einkaufen wollen. Und für diejenigen, die lieber auf konventionelle Weise shoppen gehen, werden Konsumentenverbände Einkaufszentren betreiben. Informationen über die Produkte und ihre Verbesserungen können durch die Verbraucherverbände bereitgestellt werden – die das sicher gewissenhafter erledigen als Produzent*innen in der Marktwirtschaft, die ihre Waren anpreisen. Aber wie nun, so fragen die Kritiker*innen, soll das System der Vorbestellungen durch die Verbraucher*innen funktionieren?

Wenn das Jahr beginnt, weiß jeder Schuh-Produzentenrat mit einem genehmigten Planungsvorschlag, wie viel Stoff, Leder, Gummi etc. für den Lauf des Jahres vorautorisiert wurden und wie viele

Schuhe er produzieren soll. Ebenso weiß er, dass X Prozent der Schuhe im Vorjahr Damenschuhe waren und davon Y Prozent Größe 37 hatten. Woher weiß er nun aber, ob er in Größe 37 lederfreie, lilafarbene High Heels mit gelber Spitze oder mit roter Spitze herstellen soll? Es tut genau das, was eine Schuhfabrik in einer Marktwirtschaft auch macht: Er stellt eine wohlbegründete Vermutung an. Sobald der tatsächliche Verkauf beginnt, werden neue Informationen verfügbar. Nehmen wir an, die Verkäufe von lederfreien, lilafarbenen High Heels mit gelber Spitze fallen niedriger aus, als die Produzent*innen erwartet hatten, während die mit roter Spitze weggehen wie warme Semmeln: Die neuen Informationen helfen den Produzentenräten bei der Beantwortung der Frage, welche Sorte von Schuhen sie produzieren sollen – genau, wie das in der Marktwirtschaft auch funktioniert. So viel zu der Behauptung, dass eine Planwirtschaft keine Antwort auf das »Lederfreie, lilafarbene High Heels mit gelber Spitze in Größe 37«-Problem hat. Sie liefert die gleiche Antwort wie eine Marktwirtschaft, die bei der Schuhproduktion auch von der »groben« zu der »detaillierten« Entscheidung gelangen muss, wie viele lederfreie, lilafarbene High Heels mit gelber Spitze in Größe 37 produziert werden müssen.

Diese ersten neuen Informationen liefern die Details, die die Produzent*innen brauchen, um zu wissen, welche Sorten von Schuhen die Leute haben wollen: Deshalb ist es nicht nötig, dass die Verbraucher*innen ihre genauen persönlichen Konsumwünsche während des Planungsverfahrens benennen. Die genauen Daten werden durch die tatsächlichen Verkäufe im weiteren Jahresverlauf geliefert. Erik missversteht unseren Vorschlag, wenn er schreibt: »Da grobe Kategorien für die Planungsprozesse wenig nützlich sind, werde ich davon ausgehen, dass feinmaschige Kategorien erforderlich sind.«

Die Konsumentenvorschläge werden während des Planungsverfahrens tatsächlich in Form von »groben Kategorien« eingereicht, während sich die Detailinformationen, die die Produzent*innen benötigen, erst ergeben, wenn der Produktionsplan wirklich umgesetzt wird. Ob das Erstellen auch dieser reduzierten Liste die Möglichkeiten der Konsument*innen übersteigt oder ihren Wünschen entgegensteht, darauf komme ich noch zurück.

Wie steht es mit David Schweickarts Behauptung, dass die Produzentenräte »wenig motiviert sind, herauszufinden, was die Menschen wirklich wollen« – was in der zentral geplanten sowjetischen Wirtschaft, wo die Verbraucher*innen keinerlei Rechte hatten, sicherlich der Fall war? Hier ist es wichtig zu unterscheiden: Zwischen dem Produktionsplan, der als »sozial verantwortlich« gebilligt wurde, bevor das Jahr begann, und dem tatsächlichen Produktionsergebnis, das dem Produzentenrat am Ende des Jahres angerechnet wird. Die Bewilligung des Plans basiert auf dem hochgerechneten sozialen Nutzen in Relation zu den Kosten. Allerdings werden zum Ende des Jahres zur Bestimmung des Nutzen-Kosten-Verhältnisses die tatsächlich gelieferten und nachgefragten Produkte und die tatsächlich verwendeten Vorleistungen zugrunde gelegt. Es ist dieses *tatsächliche* Nutzen-Kosten-Verhältnis, das ein Produzentenrat als *effort rating* seinen Mitgliedern vergüten kann.

Wenn also zum Beispiel der genehmigte Produktionsplan ein Nutzen-Kosten-Verhältnis von 1,09 hatte, sich am Jahresende aber ein Wert von 1,03 ergibt, basiert die *effort rating* für das nächste Jahr nur noch auf dem Wert 1,03. Daher hätte ein Produzentenrat, der es versäumt, die Produktion von Schuhen mit gelben Spitzen zugunsten von Schuhen mit roten Spitzen zu reduzieren, der also nicht auf die Wünsche der Konsument*innen reagiert, am Ende des Jahres ein niedrigeres Nutzen-Kosten-Verhältnis und damit eine niedrigere *effort rating* für das folgende Jahr.

Das tatsächliche Kaufverhalten im Laufe des Jahres verrät aber nicht nur die nötigen Details über die Verbraucherwünsche. Es zeigt auch an, wenn Verbraucher*innen ihre Vorlieben und Meinungen ändern. Auf der individuellen Ebene offenbaren die Leute durch ihre Einkäufe, dass sie von manchen Dingen mehr, von anderen weniger benötigen, als sie bei der Planung angegeben hatten. Auf der aggregierten Ebene werden sich die Verschiebungen manchmal neutralisieren, sodass dann Änderungen der Produktion nicht erforderlich sind. Wenn sie sich nicht gegenseitig aufheben, muss zwischen der Föderation der Schuhproduzenten*innen und dem landesweiten Verbraucherverband ausgehandelt werden, auf welche Weise die Anpassungen vorgenommen werden sollen, jeder Weg wird Vor- und Nachteile haben. Der entscheidende Punkt ist jedoch, dass überhaupt gerechte Anpassungen ausgehandelt werden können.

Zudem gilt es, einen wichtigen Unterschied zwischen einer Planwirtschaft und einer Marktwirtschaft zu bedenken: Die Jahrespläne, in die sowohl die sich ändernden Lebensverhältnisse und Vorlieben der Konsument*innen als auch die neuen Technologien und Arbeitspräferenzen der Produzent*innen eingehen, schaffen eine Ausgangslage, die Anzahl und

Umfang der Anpassungen, die notwendig werden, reduziert. Die Anpassungsmechanismen von Marktwirtschaften sind hingegen auch in Planwirtschaften verfügbar, wobei allerdings eine partizipatorische Ökonomie der gerechten Verteilung der Anpassungskosten vermutlich Priorität einräumen würde.

Schließlich bleibt die Frage: Wie aufwendig und belastend ist es für die Konsument*innen, Zahlen in eine Liste von groben Kategorien von Verbrauchsgütern einzutragen? Womöglich habe ich das Problem zu schnell abgehakt, als ich in meinem Buch *Of the People, By the People* erklärt habe, dass eine faule Person wie ich vielleicht keine Zeit für das Ausfüllen einer neuen Verbrauchsliste aufbringen will – ohne zu erörtern, welche Auswirkungen das auf die Fähigkeit meines lokalen Konsumrates hat, sich am Planungsverfahren zu beteiligen. Aber wenn eine Person keine neue Konsumanfrage ausfüllen will, kann der Konsumrat einfach den tatsächlichen Verbrauch des vergangenen Jahres als neue Anfrage für dieses Jahr übernehmen – jedenfalls, wenn dessen *effort ratings* dies rechtfertigen. Falls nicht, müsste der lokale Konsumrat die Verbrauchswünsche entsprechend reduzieren, falls die säumige Konsumentin weiterhin keine neue Verbrauchsliste vorlegt. Auf diese Weise können sich die Konsumräte am Planungsverfahren beteiligen, auch wenn einzelne Mitglieder keine persönlichen Konsumlisten einreichen.

Letztlich scheint Erik sich die Funktionsweise der Anpassungsprozesse, die durch Änderungen der Verbraucherwünsche notwendig werden, in einer partizipatorischen Wirtschaft ganz ähnlich vorzustellen.

> »Die Pläne für die zukünftige Produktion würden dann also so ähnlich aufgestellt werden, wie das jetzt in der kapitalistischen Marktwirtschaft auch geschieht: Die Hersteller*innen würden die Verkäufe und Umsatztrends der jüngsten Vergangenheit untersuchen und auf dieser Grundlage den zukünftigen Bedarf möglichst genau zu schätzen versuchen. Da die Produzent*innen und ihre sektoralen Föderationen die Umsatztrends kontinuierlich und effizient überwachen können, sind sie in der Lage, ihre Pläne laufend dem tatsächlichen Konsumverhalten der Verbraucher*innen anzupassen – statt Jahrespläne auf der Basis wenig informativer Vorbestellungen der Haushalte aufzustellen.«

Das beschreibt das Verfahren präzise; allerdings kann ich nicht nachvollziehen, weshalb Erik die Vorbestellungen der Haushalte als »nichtssagend« ablehnt;

sie liefern den Produzentenverbänden weitere nützliche Informationen zu Beginn des Planungsjahres. Denn von Jahr zu Jahr ändern sich die Einkommen der Verbraucher*innen ebenso wie ihre Konsumwünsche. Diese Veränderungen anzuzeigen ist der Zweck der Vorbestellungen.

Nur weil die Vorbestellungen der Haushalte keine Details enthalten und die Leute ihre Wünsche ändern können, bedeutet das nicht, dass der Planungsprozess sinnlos ist. Wenn wir wollen, dass die Menschen beeinflussen können, was produziert wird, und ein großer Teil der Produktion durch ein Planungsverfahren geregelt werden soll, dann müssen die Verbraucher*innen, so gut es geht, Vermutungen über ihre Konsumwünsche anstellen, ohne sich dabei den Kopf zu zermartern, und falls sie ihre Wünsche ändern sollten, wird man dem Rechnung tragen können.

Funktioniert aufgrund der Anpassungsprozesse das System dann letztlich nicht doch wie eine Marktwirtschaft, wie Erik nahelegt? Die bewilligten Verbraucherpläne würden ja nicht als bindende Verträge behandelt, denn den Individuen stünde es frei, ihre Meinung im weiteren Jahresverlauf zu ändern. Und eine mögliche Anpassungsoption bestünde darin, dass die Richtpreise steigen, wenn im Laufe des Jahres ein stark nachgefragtes Produkt auf den Markt kommt, während die Preise im Falle von Überangeboten sinken. Ähnelt dies nicht sehr einer Marktwirtschaft? Ist es nicht gar eine Marktwirtschaft?

Ich denke, die Antwort lautet »Nein«. Hier sind die entscheidenden Unterschiede:

1. In der Marktwirtschaft gibt es keinen Plan, der zu Beginn des Jahres vereinbart wird. Es gibt keinen Plan, bei dem die Menschen die Möglichkeit haben, Produktions- und Konsumentscheidungen zumindest annähernd proportional im dem Maße, in dem sie von ihnen betroffen sind, zu beeinflussen. Es gibt keinen Plan, der »externe Effekte« berücksichtigt, die in Marktwirtschaften von Käufern und Verkäufern ignoriert werden. Es gibt keinen Plan, der effizient, gerecht und ökologisch nachhaltig wäre, würde er umgesetzt. Stattdessen werden in einer Marktwirtschaft alle Entscheidungen darüber, wie man die Arbeitsteilung organisiert und die daraus resultierenden Vorteile verteilt, durch Käufer-Verkäufer-Beziehungen bestimmt – was zu Ergebnissen führt, die ungerecht und ineffizient sind und zu Lasten der Umwelt gehen.

2. Auch wenn Anpassungen im Laufe des Jahres in einer partizipatorischen Wirtschaft nötig werden

– etwa auch in Form von Preisanpassungen –, werden sie nicht von den einzelnen Käufern und Verkäufern, sondern gesellschaftlich zwischen Produzenten- und Verbraucherverbänden ausgehandelt, damit Gerechtigkeit und Effizienz berücksichtigt werden. – Märkte dagegen führen im Endeffekt zum wechselseitigen Feilschen und Übervorteilen zwischen vielen individuellen Käufern und Anbietern, mit inakzeptablen Konsequenzen.

Die Planung des öffentlichen Konsums

Erik schreibt, dass wir im Wesentlichen einer Meinung sind, was die Planung des öffentlichen Verbrauchs angeht. Und ich stimmte ihm außerdem zu, dass – wenn entschieden ist, wie das Einkommen der Verbraucher*innen zwischen privatem und öffentlichem Konsum aufgeteilt wird – die Genehmigungen der privaten Verbrauchsanfragen nicht unbedingt in lokalen Konsumräten behandelt werden müssen. Beratungen auch über private Konsumanfragen sowie Kreditwünsche durch Nachbarschaftsräte könnten zwar ein Weg sein, um starke lokale Gemeinschaften auszubilden, aber alle diese Beratungen können natürlich auch entfallen, wenn die Leute das nicht wollen.

Wir sind ebenfalls beide der Meinung, dass viele der Funktionen, die heute politische Institutionen erfüllen, in einer partizipatorischen Ökonomie den Konsumentenverbänden obliegen werden. Auf verschiedenen »Regierungs«-Ebenen müssen steuerfinanzierte öffentliche Leistungen erbracht und Güter bereitgestellt werden. Da wir öffentliche Güter genauso als Teil der Wirtschaft begreifen wie privaten Konsum, haben wir wirtschaftliche Institutionen und Verfahren vorgeschlagen, die die Bevorzugung des privaten Konsums in der Marktwirtschaft beenden sollen.

Nicht plausibel indes scheint mir Eriks Versuch, eine gesonderte Unterscheidung vorzunehmen zwischen öffentlichen Gütern, die die Leute als Verbraucher*innen, und solchen, die sie als Bürger*innen adressieren. Zwar sind gewiss nicht alle öffentlichen Güter aus dem gleichen Grund öffentlich und auf dieselbe Weise. Und gewiss ist jeder von uns zugleich Verbraucher*in, Produzent*in und Bürger*in. Zudem wird bestimmt immer noch Bedarf nach geeigneten Institutionen bestehen, die politische Angelegenheiten zum Gegenstand haben – also solche, die nicht von den für wirtschaftliche Entscheidungen zuständigen Institutionen abgedeckt werden. Aber ich sehe keinen Zweck in der

Einrichtung eines separaten Netzwerkes von Bürgerräten, die sich speziell mit solchen öffentlichen Gütern beschäftigen, die die Leute als Bürger*innen betreffen. Diese Bürgerräte würden vermutlich nicht anders funktionieren als die Konsumentenverbände und müssten ebenso in den partizipatorischen Planungsprozess eingebunden sein.

Das Problem der externen Effekte

In der kapitalistischen Marktwirtschaft bleiben externe Effekte völlig unberücksichtigt – und externe Dritte haben keinerlei Einflussmöglichkeiten auf die Transaktionen zwischen Produzent*innen und Konsument*innen. Dies erzeugt nicht nur ein hohes Maß an Ineffizienz, sondern geht zulasten von Umwelt und Natur. Zwar können externe Regulierungen in Form von Höchstgrenzen oder Emissionssteuern den Schaden reduzieren, es bleibt aber das Problem, dass das Marktsystem über das Ausmaß der Schäden keine Informationen liefert, sodass unklar bleibt, wie hoch eine solche Steuer sein sollte. In einer partizipatorischen Ökonomie dagegen könnten die betroffenen Gemeinden ausreichend genaue Schätzungen der Schäden liefern, die durch ökologische Belastungen entstehen; diese würden dann im Planungsverfahren von den Produzentenräten ebenso berücksichtigt werden wie Nutzung knapper Produktionsfaktoren.

Erik weist darauf hin, dass »die räumlichen Grenzen einer bestimmten Schadstoffquelle […] den Grenzen einer bestimmten Konsumentenföderation entsprechen [können]. Sie können aber auch größer oder kleiner sein […].« Das ist richtig, und dann müssten zusätzliche »Gemeinschaften der Betroffenen« [*communities of affected parties*, CAPs) eingerichtet oder allgemeine Höchstgrenzen festgelegt werden. Zudem habe ich eingeräumt, dass das schwierigste Problem wohl darin besteht, festzustellen, wer die Mitgliedschaft in CAPs und damit Kompensationen beanspruchen kann. Des Weiteren fragt Erik:

> »Hätten dann die am meisten betroffenen Verbraucher*innen die Möglichkeit, sich zu Ad-hoc-Räten zusammenzuschließen, um auf höhere Preise für die Verschmutzungsrechte zu bestehen oder die Emission ganz zu verhindern?«

Nein, das Verfahren ist anders gedacht. Sobald darüber entschieden ist, wer einer CAP angehört, wird diese sich auf eine Antwort verständigen müssen, wie viele Einheiten eines Schadstoffes sie zu akzeptieren bereit ist und welche kompensatorische Vergütung sie dafür erwartet. Vermutlich werden der Entscheidung Meinungsverschiedenheiten und Diskussionen vorausgehen, sodass am Schluss eine demokratische Abstimmung stehen wird – ganz so, wie es natürlich auch kontroverse Debatten unter den Mitgliedern der Verbraucherverbände darüber geben wird, welche öffentlichen Güter in welchem Umfang zu beantragen sind. Aber auch hier wird man sich trotz unterschiedlicher Präferenzen und Ansichten letztlich auf eine Lösung verständigen müssen. Eine andere Frage, die geklärt werden müsste, ist, ob die Entschädigung der CAP gleichmäßig auf alle Mitglieder verteilt oder ob versucht wird, nach individuellen Betroffenheiten zu differenzieren.

Schließlich schlägt Erik vor:

> »Wenn man […] bedenkt, dass es viele Tausende Schadstoffe gibt, könnte sich der iterative Prozess als äußerst schwerfällig und inkonsistent erweisen. In einer solchen Situation entscheiden sich die Verbraucher*innen womöglich für ein einfacheres System: Gesetzliche Vorschriften, die die Emission bestimmter Schadstoffe begrenzen, könnten mit einheitlichen Steuern auf externe Umweltkosten verbunden werden.«

Staatliche Steuern auf externe Umweltkosten wären sicher die simplere Lösung. Aber mit Steuern in welcher Höhe sollten die Behörden die umweltschädigenden Emissionen belasten, um sie zu reduzieren? Mit 5 Prozent, 30 Prozent, 70 Prozent? Ein Marktsystem bietet bei der Beantwortung dieser Frage keine Hilfe. Sollte es eine einheitliche Steuer auf jede Art von Verschmutzung geben? 5 Dollar pro Tonne, 30 Dollar, 70 Dollar? Auch hier bietet das Marktsystem keine Lösung. Die Überlegenheit des von uns vorgeschlagenen Verfahrens liegt darin, dass es eine glaubhafte quantitative Schätzung dazu liefert, wie hoch die Emissionsabgaben ausfallen müssen, sodass im Ergebnis die Emissionsmengen sozial verträglich sein werden – auch wenn dieser große Vorteil seinen Preis hat und Zeit und Ressourcen erfordert. Erik wird mir zustimmen, dass dieser Mechanismus allerdings nicht funktioniert, wenn die Gemeinden über deutlich unterschiedliche Einkommen verfügen; dann besteht die Gefahr eines Unterbietungswettlaufs, bei dem die umweltbelastende Produktion sich schließlich in der Nähe der armen Kommunen konzentriert. Nur in einer entschieden egalitären Wirtschaft wie der partizipatorischen Ökonomie scheint es möglich, einen Mechanismus zu entwickeln, der angemessene quantitative Schätzungen der Umweltschäden widerspiegelt.[2]

Planung, Risiko und Innovation

Jede Gruppe von Produzent*innen, die einen sozial verantwortlichen Vorschlag in das Planungsverfahren einbringt (das heißt: das gesellschaftliche Nutzen-Kosten-Verhältnis beträgt bei dem Vorschlag mindestens eins), wird die für die Produktion erforderlichen Inputs erhalten, wenn das Jahr beginnt. Das kann zum Beispiel eine Gruppe von Studierenden sein, die aus dem Bildungssystem ausgeschieden ist. Oder eine Gruppe von frustrierten Mitgliedern eines Produktionsrates, deren Vorstellungen, wie bestimmte Dinge zu tun sind, dort konsequent überstimmt wurde und die nun ihren eigenen Weg gehen wollen.

Das Problem ist: Wie kann man andere vor den negativen Folgen bewahren, wenn eine Gruppe von Wirrköpfen einen Vorschlag macht, der zwar erst mal gut aussieht und auch genehmigt wird, sich dann aber als Fantasterei herausstellt? In solchen Fällen werden zumindest Ressourcen verschwendet, und aller Wahrscheinlichkeit nach werden andere Produktionsräte, die sich auf die Lieferungen der

Gruppe verlassen haben, ihre Pläne nicht erfüllen können. Das meinte ich damit, als ich schrieb, es sei ratsam, den Produzentenföderationen die Befugnis zu geben, die Glaubwürdigkeit von neuen Produzentengruppen zu prüfen, die sich am Planungsprozess beteiligen wollen. Und mit »glaubwürdig« meinte ich nur, dass es sich nicht um offensichtliche Spinner handelt.

Ich teile Eriks Sorge, dass Produzentenföderationen möglicherweise zu konservativ in ihren Urteilen sein werden und durch kleinkarierte Nörgelei kreative neue Ideen ersticken; und ich bin gegenüber allen Vorschlägen offen, die dies zu verhindern suchen. Womit ich nicht einverstanden bin, ist Eriks Tendenz, Demokratie in wirtschaftlichen Fragen so zu interpretieren, als solle alles, was eine Produzentengruppe tun will, eher zugelassen als untersagt werden.

Es wird Leute in einer partizipatorischen Ökonomie geben, die ein Privatunternehmen gründen, Mitarbeiter*innen einstellen und die Gewinne einbehalten wollen. Wenn eine solide Mehrheit diese Art der wirtschaftlichen Beziehungen missbilligt, hat sie meiner Ansicht nach jedes Recht, solche Unternehmensgründungen zu verbieten. Sie haben keinen Platz in einen partizipatorischen Ökonomie: Sie widersprechen dem Prinzip der Arbeiterselbstverwaltung, und wenn die Löhne nicht den *effort ratings* entsprechen, stehen sie auch im Widerspruch zum Grundsatz der wirtschaftlichen Gerechtigkeit. Die von Erik befürworteten, auf Crowdfunding basierenden Unternehmensgründungen, bei denen die Investoren eine Rendite erhalten, könnten sich als schleichendes Gift für das Prinzip der wirtschaftlichen Gerechtigkeit erweisen, das die partizipatorische Ökonomie zusammenhält.

Es könnte das gleiche Problem entstehen, das in Kuba zu beobachten ist. Dort beschwichtigt die Regierung enttäuschte unternehmerische Wünsche von Leuten dadurch, dass sie die Gründung kleiner, profitorientierter Unternehmen zulässt. Wenn nun ein ausgebildeter Arzt seinen Beruf aufgibt, um Taxi zu fahren, und dann zehnmal so viel verdient wie seine ehemaligen Kolleg*innen, die weiter in den öffentlichen Kliniken arbeiten, müssen sich diese Ärzte wie Trottel fühlen. Was Kuba stattdessen seit Langem benötigt, ist, dass die Arbeiter*innen ihre Arbeitsplätze selbst verwalten können und Leute mit unternehmerischen Ideen die Chance bekommen, neue selbstverwaltete Betriebe zu gründen, die gleichgewichtige Arbeitsplätze und gerechte Belohnung bieten.

Aber es gibt auch ein praktisches Problem mit Eriks Vorschlägen, wenn sie im Rahmen einer partizipatorischen Ökonomie angewendet werden. Auch wenn ein durch Crowdfunding ins Leben gerufenes Unternehmen nach partizipatorischen wirtschaftlichen Grundsätzen geführt würde und die Anleger keine Rendite auf ihre Investitionen erhielten, müsste dieses neue Unternehmen seine Inputs im Rahmen des partizipatorischen Planungsverfahrens erhalten und als »glaubwürdig« eingestuft sein. Ein Produzentrat kann seine Inputs nicht durch Crowdfunding einkaufen.

Stattdessen sollte es meines Erachtens für Produzentengruppen, die neue Unternehmen gründen wollen, mehrere Möglichkeiten geben, ihre Glaubwürdigkeit zu demonstrieren, sodass sie am Planungsverfahren teilnehmen können: etwa indem sie eine eindrucksvolle Crowdfunding-Unterstützung vorweisen können; oder die Mitglieder der Initiative haben relevante Bildungsabschlüsse, oder sie haben bereits in der Industrie oder anderswo gearbeitet.

Eine andere Möglichkeit wäre die Einrichtung eines unabhängigen Revisionsausschusses, wo Gruppen, deren Anträge von ihrem Industrieverband abgelehnt wurden, diese erneut zur Genehmigung vorlegen können. Wir könnten den Ausschuss sogar anweisen, die Entscheidungen so lange aufzuheben, bis die Zahl der neuen, genehmigten Firmen, die sich als Projekte von Spinnern erweisen, einen bestimmten Prozentsatz erreicht haben – um sicherzustellen, dass wir nicht zu konservativ bei der Genehmigung von Start-ups sind.

Solche Lösungen erscheinen mir besser, als darüber nachzudenken, einer partizipatorischen Ökonomie eine Dosis kapitalistischer Investitionen beizumischen.

Die Organisation der Arbeit und die Vergütung

Was die Themen Arbeit und Vergütung angeht, stimmen Erik und ich weitgehend überein: Wir befürworten beide ausbalancierte Arbeitsplätze und die Vergütung nach Anstrengung/Aufwand statt nach der erbrachten Leistung (wie sie viele Marktsozialist*innen favorisieren). Und freilich hat Erik recht, wenn er darauf hinweist, dass es nicht einfach sein wird, die beiden Ziele praktisch umzusetzen.

Es gibt, scheint mir, zwei praktische Probleme: Zum einen werden manche Menschen in einer partizipatorischen Ökonomie mit diesen Grundsätzen nicht einverstanden sein. Was macht man, wenn die Arbeiter*innen in einem Unternehmen die Leistung und nicht Anstrengung/Aufwand vergüten wollen? Und was tut man, wenn sie gegen ausbalancierte Jobs sind? Zum anderen sind beide Prinzipien schwierig zu realisieren, weil sowohl Anstrengung/Aufwand als auch Entscheidungsbefugnisse und die Attraktivität von Jobs schwer messbare Größen sind.

Zum ersten Problem: Wir Befürworter*innen der partizipatorischen Ökonomie sprechen uns dafür aus, dass die Produzentenräte versuchen, die Arbeitsplätze, so gut es geht, auszubalancieren und nach Aufwand zu entlohnen – und dabei die praktischen Hindernisse berücksichtigen. Den einzelnen Räten sollte es überlassen bleiben, herauszufinden, wie sie die Probleme am besten angehen. Und wir sind entschieden dagegen, dass jemand von außerhalb des Unternehmens die genannten Grundsätze in solchen Betrieben umsetzt, wo die Mehrheit der Mitglieder dies nicht wünscht. Deshalb gehen wir davon aus, dass die einzelnen Produzentenräte sehr unterschiedlich vorgehen werden. Beispielsweise könnten sich Räte auch für das Modell entscheiden, das Erik in manchen Fällen für sinnvoll erachtet – jedem den gleichen Stundenlohn zu zahlen.

Und: Ja, wahrscheinlich wird es in den ersten Jahren einer partizipatorischen Ökonomie auch Produzentenräte geben, in denen die Befürworter*innen ausbalancierter Jobs und einer Vergütung nach Aufwand/Anstrengung in der Minderheit sein werden. Um den vollständigen Übergang zu einer wirklich gerechten und demokratischen Wirtschaft zu erreichen, sind dann mehrere Dinge notwendig: Erstens müssen Arbeiter*innen ihre Kolleg*innen im gleichen Unternehmen zu überzeugen versuchen, dass es nötig ist, ausbalancierte Arbeitsplätze zu schaffen, wenn alle Produzent*innen die gleichen Rechte und Möglichkeiten haben sollen, sich an Entscheidungen zu beteiligen; und warum eine Vergütung nach erbrachter Leistung gegenüber manchen Kolleg*innen unfair ist. Zweitens müssen diejenigen politischen Gruppierungen, die sich für wirtschaftliche Demokratie und Gerechtigkeit einsetzen, leidenschaftliche Kampagnen führen. Drittens muss ein landesweiter laufender Dialog stattfinden, unterstützt durch das Bildungssystem, bis aus der knappen Mehrheit, die diese Prinzipien unterstützt, eine überwältigende Mehrheit geworden ist. Es wird von großer Bedeutung sein, dass eine solche Debatte den Hintergrund für die Diskussionen der einzelnen Produzentenräte liefert. Jeder Versuch, die Prinzipien der partizipatorischen Ökonomie unwilligen Arbeiter*innen aufzuzwingen, würde sich nur als kontraproduktiv erweisen.

Zum zweiten Problem: Ich räume ein, dass es manchmal schwierig sein wird, Anstrengung/Aufwand, die ein Job mit sich bringt, zu bemessen.[3]

Erik schreibt dazu:

> »Aber verschiedene Menschen können genau die gleiche Intensität der Arbeit als sehr unterschiedliche Belastung erfahren. Acht Stunden am Schreibtisch zu sitzen und intensiv zu schreiben ist für manche Professor*in ein erhebendes Gefühl, anderen erscheint es als Folter. [...] Ich würde es als unerträgliche Belastung empfinden, wenn ich vier Stunden am Tag die Mautgebühren an einer Brücke kassieren müsste; 60 Stunden in der Woche zu schreiben und Vorträge zu halten ist für mich indes ein Vergnügen. Einem Mautner mag es genau umgekehrt gehen. Was bedeutet nun also ›Anstrengung/Aufwand‹?«

Nun gibt es Leute, die lieber den Rasen mähen als Fenster putzen (ich zum Beispiel), während andere Leute lieber Fenster putzen als den Rasen mähen (etwa mein ältester Sohn). Es wäre idiotisch – Ökonom*innen nennen es ›ineffizient‹ –, wenn ich mich um die Fenster und mein Sohn sich um den Rasen kümmern würde. Entsprechend haben wir vereinbart, dass ich vier Stunden pro Woche mähe und er vier Stunden putzt – die Arbeit ist für uns beide ausgewogen verteilt, sowohl bezüglich ihrer Attraktivität als auch im Hinblick auf die damit verbundenen ›Entscheidungsbefugnisse‹.

Nun sind Rasenmähen und Fensterputzen mehr oder minder gleich wenig verantwortungsvolle Arbeiten und für die Durchschnittsbürger*in mehr oder weniger gleich lästig – auch wenn die einen Rasenmähen weniger beschwerlich finden als Fensterputzen, während es bei anderen umgekehrt ist. Wenn man aber Fensterputzen und Rasenmähen als Arbeitsplätze für den gleichen Lohn anbieten würde, wäre die Schlange der Bewerber*innen wohl ungefähr gleich lang bzw. kurz – beides sind wenig begehrte Formen menschlicher Tätigkeit.

Erik sollte in einer partizipatorischen Ökonomie für die Arbeit des Mauterhebens sicher nicht besser vergütet werden als ich für das Fensterputzen. Da jedoch die Leute in der Regel lieber schreiben und Vorträge halten dürften als die Maut einzusammeln, sollte für Professorentätigkeiten als Kompensation ein etwas geringerer Stundenlohn gezahlt werden als für das Erheben der Maut. Auch wenn es kompliziert sein mag, sollten wir aber auch nicht zu pessimistisch sein, wenn es darum geht, die Attraktivität von verschiedenen Arbeiten zu vergleichen und zu messen. Ein Arbeitsplatz-Bündel ist wahrscheinlich dann weniger attraktiv als der Durchschnittsjob, wenn es nur wenige Bewerber*innen gibt; dann müssen einige beschwerliche Aufgaben durch angenehmere ersetzt werden. Wenn es umgekehrt viele Bewerber*innen gibt, wird ein Arbeitsplatz wahrscheinlich attraktiver sein als der Durchschnitt, und manche angenehme Tätigkeiten müssten durch eher lästige Tätigkeiten ersetzt werden.

Schlussbemerkung

Ursprünglicher Zweck des Modells einer partizipatorischen Ökonomie war es, zumindest in der Theorie zu widerlegen, dass autoritäre Planwirtschaft oder Marktwirtschaft die einzigen denkbaren Alternativen sind. Vielmehr gibt es eine dritte Möglichkeit, die der Utopie ähnelt, die Sozialist*innen vor langer Zeit verfochten, aber nur in allgemeiner Weise beschrieben haben – und die deshalb viele Menschen heute nicht mehr überzeugt. Das Modell einer partizipatorischen Ökonomie belegt meiner Meinung nach aber, dass die ursprüngliche sozialistische Vision kein illusionärer Wunschtraum war. Es ist freilich nicht zu verwechseln mit einer Übergangsstrategie, erst recht nicht mit einem politischen Programm. Auf welchem Weg die zunehmend destruktive Ökonomie der Konkurrenz und des Profits durch eine Ökonomie der gleichberechtigten Kooperation ersetzt werden kann, ist eine andere, schwierigere Frage.

Anmerkungen

1 Michael Albert: Parecon. Leben nach dem Kapitalismus. Frankfurt/M. 2006.

2 Das Thema externe Effekte und Umweltschäden habe ich in folgendem Aufsatz ausführlich behandelt: »Wanted: A Pollution Damage Revealing Mechanism«. In: Review of Radical Political Economics, Oktober 2015.

3 Ausführlich gehe ich auf die Probleme in meinen Buch *Of the People, By the People: The Case for a Participatory Economy* ein.

Erik Olin Wright

Sozialismus und Realutopien

Meine Art und Weise, über Alternativen zum Kapitalismus nachzudenken, basiert auf zwei Säulen: der Idee der Realutopien und der Idee des Sozialismus. Realutopien identifizieren institutionelle Ausgestaltungen, die zum einen emanzipatorische Ideale verkörpern und zum anderen praktische Probleme der Tragfähigkeit und Nachhaltigkeit berücksichtigen. »Sozialismus« ist natürlich erst mal ein altehrwürdiger Begriff, den wir mit antikapitalistischen Kämpfen in Verbindung bringen. Aber für viele Kapitalismus-Kritiker*innen hat er seine Anziehungskraft verloren: Denn bei »Sozialismus« denkt man sowohl an die autoritären, staatlich kontrollierten Wirtschaftssysteme des 20. Jahrhunderts als auch an die zahlreichen Parteien in den entwickelten kapitalistischen Ländern, die keinerlei Bereitschaft mehr erkennen lassen, den Kapitalismus zu überwinden. Gleichwohl schlage ich eine Rekonstruktion der Idee des Sozialismus vor. Wenn man sie mit der Idee der Realutopien verbindet, kann sie den Rahmen für eine Utopie jenseits des Kapitalismus abstecken und auch den für eine Strategie zu dessen Überwindung.[1]

Über Systemalternativen nachdenken

Besonders bemerkenswert an der menschlichen Imaginationskraft ist die Fähigkeit, sich vorzustellen, dass die Dinge auch *anders* sein könnten, egal ob es dabei um unsere unmittelbaren Lebensumstände geht oder um die Gesellschaft als ganze.[2] Allerdings kann diese Vorstellungskraft, die durch tiefe Sehnsüchte angetrieben wird, leicht in bloßes Wunschdenken abdriften, in Fantasien von einer besseren Welt, unbelastet von der schwierigen Frage, ob eine solche Alternative auch tatsächlich funktionieren würde. Solche Fantasien können unserem Handeln Antrieb verleihen, aber sie können auch in Sackgassen und zu Desillusionierungen führen. Wir müssen deshalb unsere utopische Sehnsucht mit dem realistischen Nachdenken über die Dilemmata und Zwänge beim Aufbau tragfähiger Alternativen verbinden.

Mein Vorgehen bei der Erörterung dieser Fragen beruht auf drei sehr allgemeinen Betrachtungen über das Wesen von Sozialsystemen und das Problem ihrer Transformation.

Erstens: Was genau bedeutet das Wort »System«, wenn wir über »soziale Systeme« sprechen? Das ist ein wichtiges, aber oft mit nebulösen Formulierungen diskutiertes Thema in der Gesellschaftstheorie. Für meine Zwecke ist es hilfreich, zwei Metaphern gegenüberzustellen. Die erste begreift eine Gesellschaft analog zu einem Organismus, dessen Teile eng zu einem Funktionsganzen verknüpft sind. Zwar gibt es einen gewissen Grad an Freiheit und Variabilität in der Art und Weise, wie die einzelnen Teile funktionieren, aber letztlich bilden sie eine funktional interdependente Einheit. Wenn man wichtige Teile entfernt oder sie stark verändert, dann zerfällt das Ganze.

Die zweite Metapher beschreibt soziale Systeme eher wie Ökosysteme. Eine Gesellschaft ähnelt dann einem Teich, der viele Arten von Fischen, Insekten und Pflanzen enthält. Wird eine fremde Spezies in das Ökosystem eingeführt, dann gedeiht es manchmal, in anderen Fällen aber auch nicht. Einige Ökosysteme sind sehr fragil und anfällig für Störungen; andere vertragen das Eindringen fremder Arten auch in größerem Ausmaß. Wenn man sich eine Gesellschaft als Ökosystem vorstellt, dann hängen immer noch alle Teile voneinander ab, aber das System stellt kein eng verknüpftes Funktionsganzes mehr dar. Dann eröffnet sich eine andere Perspektive, über Alternativen zum Kapitalismus nachzudenken. Ein Ökosystem lässt sich transformieren, indem man eine fremde Spezies einführt, die zunächst eine Nische findet, sich ausbreitet und dann womöglich schrittweise andere Arten verdrängt. Die Idee der Realutopien als ein Weg, eine Gesellschaft zu transformieren, steht mehr im Einklang mit der Betrachtung der Gesellschaft als Ökosystem als damit, sie als Organismus zu begreifen.

Die zweite allgemeine Bemerkung über Alternativen betrifft zwei gegensätzliche Methoden, darüber nachzudenken, wie die Welt zu einem besseren Ort gemacht werden kann – durch ameliorative, also auf Verbesserungen abzielende Reformen oder durch realutopische Transformationen. Ameliorative Reformen identifizieren die Fehler bestehender Institutionen und schlagen realisierbare Verbesserungen vor. Diese Reformen sind wichtig und tragen unmittelbar zu einem besseren Leben bei, aber sie beschränken sich auf Verbesserungen, die auf bestehenden Strukturen fußen und einen Schritt darüber hinausgehen. Im Gegensatz dazu entwerfen Realutopien die Konturen einer alternativen, emanzipatorische Ideale verkörpernden Gesellschaft, um dann nach sozialen Innovationen zu suchen, die wir in der bestehenden Gesellschaft umsetzen können und die uns dem Ziel näher bringen. Manchmal ergibt sich dabei das Gleiche wie bei einer ameliorativen Reform – andersherum sind ameliorative Reformen oftmals aber gerade keine Bausteine einer emanzipatorischen Alternative. Nehmen wir als Beispiel *affirmative action*-Maßnahmen gegenüber ethnischen Minderheiten. *Affirmative action* (positive Diskriminierung) ist ein wichtiges Mittel bei der Bekämpfung der Auswirkungen des fortdauernden Rassismus. Aber sie ist kein Baustein einer Welt der Gerechtigkeit und Emanzipation. Sie ist ein notwendiges Mittel, um die Verheerungen des Rassismus in der derzeitigen Welt zu neutralisieren, aber kein konstitutives Element der Alternative, die wir anstreben. Das Gleiche könnte beispielsweise über Essensmarken gesagt werden: Sie sind ein wichtiges Mittel, um den Hunger zu lindern, der durch brutale Formen der Ungleichheit etwa in der US-amerikanischen Gesellschaft hervorgerufen wird. Aber unsere Vision einer Welt jenseits des Kapitalismus ist nicht durch eine massive Verbreitung der Lebensmittelmarken gekennzeichnet. Realutopische Transformationen hingegen bestehen aus Elementen der alternativen Welt, die in die derzeitige Welt implantiert werden.

Drittens schließlich stellt sich die schwierige Frage: Wie konkret und detailliert soll der Entwurf eines alternativen Gesellschaftssystems ausfallen? Wir könnten eine umfangreiche Liste der wichtigsten Institutionen einer Systemalternative erstellen und dann diskutieren, wie diese in der Praxis funktionieren würden. Dies könnte dem Wunsch entspringen, ein lebendiges, überzeugendes Bild davon zu zeichnen, wie wir in einer alternativen Welt leben wollen. Es würde dabei weniger um starre Rezepte für den Aufbau einer neuen Gesellschaft gehen. Gleichwohl würden solche Bemühungen oftmals wie frei erfundene Blaupausen für emanzipatorische Institutionen und Praktiken aussehen. Ein anderes Vorgehen wäre, die entscheidenden Werte zu formulieren, die der Suche nach Alternativen zugrunde liegen, und die Kernprinzipien für Institutionen auszuarbeiten, die eine Verwirklichung dieser Werte erleichtern; wir würden dabei aber nicht versuchen, ein umfassendes, alternatives Modell als Ganzes zu konstruieren.

Beide Strategien haben ihren Wert. Der detaillierte Modellentwurf kann inspirierend sein, insofern man ihn als spekulative Idee und nicht als Blaupause versteht und sich klarmacht, dass emanzipatorische soziale Transformationen als Trial-and-Error-Experimente ablaufen. Die eher ergebnisoffene Diskussion der allgemeinen Grundsätze und Werte kann unsere Aufmerksamkeit für die Richtung schärfen, in die wir uns bewegen wollen, und eine Grundlage liefern für die kritische Bewertung unserer Experimente. Diese zweite Strategie werde ich hier verfolgen, auch wenn sie weniger Klarheit darüber erzielt, wie eine andere Welt konkret aussehen könnte.

Sozialismus und gesellschaftliche Ermächtigung

Im Mittelpunkt der folgenden Analyse steht ein *machtzentriertes* Verständnis des Kapitalismus und seiner Alternativen. »Macht« ist in der Gesellschaftstheorie ein besonders schwer zu fassendes und umstrittenes Konzept, sodass es nicht unproblematisch ist, den Begriff in praxisnahen Diskussionen über Institutionen und deren Transformation zu verwenden. In unserem Kontext werde ich von einem sehr einfachen Machtbegriff ausgehen: Macht ist demnach die Fähigkeit, in der Welt Dinge zu tun, die Wirkungen erzeugen. Dies könnte man als »akteurszentrierten« Machtbegriff bezeichnen: Menschen nutzen Macht – egal ob einzeln oder kollektiv –, um bestimmte Dinge zu erreichen.

Auf der Grundlage dieser weitgefassten Definition können wir dann drei Formen von Macht unterscheiden, die in ökonomischen Systemen zum Tragen kommen: *wirtschaftliche Macht,* die in der Kontrolle über die Nutzung der ökonomischen Ressourcen gründet; *staatliche Macht,* die auf der Kompetenz basiert, Gesetze zu erlassen und durchzusetzen; und *gesellschaftliche Macht,* die auf der Fähigkeit beruht, Menschen für freiwillige kollektive Handlungen zu mobilisieren. Vereinfacht ließe sich auch sagen: Man kann Menschen dazu bringen, bestimmte Dinge zu tun, indem man sie besticht, zwingt oder überzeugt.

Jedes komplexe Wirtschaftssystem umfasst alle drei Formen der Macht, die auf unterschiedliche Weise verbunden sind. Je nachdem, welche Form der Macht dominierend ist, lassen sich drei idealtypische Formen von Wirtschaftssystemen unterscheiden: Kapitalismus, Etatismus und Sozialismus.

- *Kapitalismus* ist eine ökonomische Struktur, in der die Produktionsmittel Privateigentum sind und die Verteilung und Nutzung von Ressourcen auf der Ausübung *wirtschaftlicher Macht* beruhen. Investitionen und die Kontrolle der Produktion sind das Ergebnis der Ausübung *wirtschaftlicher Macht* durch Kapitaleigner.
- *Etatismus* ist eine ökonomische Struktur, in der die Produktionsmittel im Besitz des Staates sind und die Verteilung und Nutzung von Ressourcen auf der Ausübung *staatlicher Macht* beruht. Staatsbeamt*innen

kontrollieren die Investitionen und die Produktion durch irgendeine Form eines staatlich-administrativen Mechanismus.

- *Sozialismus* ist eine ökonomische Struktur, in der die Produktionsmittel Gemeineigentum sind und die Verteilung und Nutzung von Ressourcen auf der Ausübung *gesellschaftlicher Macht* beruht. Dies ist gleichbedeutend mit der Definition des Sozialismus als umfassende Wirtschaftsdemokratie.

Real existierende Volkswirtschaften sind allerdings immer komplexe Kombinationen dieser drei Formen ökonomischer Strukturen; es sind Hybride, die sich darin unterscheiden, wie die verschiedenen Formen der Macht zusammenwirken. Wenn wir also ein ökonomisches System »kapitalistisch« nennen, dann ist das nur die Kurzfassung einer umständlicheren Beschreibung: Es ist ein »ökonomischer Hybrid, der kapitalistische, etatistische und sozialistische Machtbeziehungen miteinander verbindet, wobei kapitalistische Machtbeziehungen dominieren«. Mit dem Konzept eines strukturellen Hybrids kann jede beliebige Untersuchungsebene analysiert werden: Unternehmen, Branchen, regionale und nationale Ökonomien, sogar die Weltwirtschaft. Den Sozialismus durchzusetzen hieße dann, die sozialistische Komponente des Hybrids zu vergrößern und zu vertiefen und die kapitalistischen und etatistischen Komponenten zu schwächen.

Diese Art des Nachdenkens über ökonomische Systeme heißt, sich von der simplen binären Gegenüberstellung von Kapitalismus und Sozialismus zu verabschieden. Eine ökonomische Struktur kann mehr oder weniger kapitalistisch, mehr oder weniger sozialistisch, mehr oder weniger etatistisch sein. Es ist eine wichtige, aber ungelöste Frage, wie stabil verschiedene Arten von Hybriden sein können. Der traditionellen marxistischen Ansicht zufolge ist jeder kapitalistische Hybrid, der bedeutende sozialistische Elemente enthält, ausgesprochen instabil. Die einzig stabilen Gleichgewichte seien solche, in denen entweder der Sozialismus oder der Kapitalismus eindeutig dominant ist. Falls das stimmt, dann können sozialistische Elemente nur kleine Nischen in einer für den Kapitalismus funktionalen Weise ausfüllen. Das steht im Einklang mit der Sichtweise des Kapitalismus als Organismus: Ein System könnte entweder kapitalistisch oder sozialistisch sein, aber kein stabiler Hybrid. Eine andere Position geht davon aus, dass es mehrere relativ stabile Gleichgewichte geben kann, die alle drei Formen in ganz unterschiedlichen Kombinationen verbinden, und dass sogar ein Gleichgewicht denkbar ist, in der keine der Formen eindeutig dominiert. Das Ausmaß der Stabilität hinge von komplexen Anordnungen kontingenter historischer und politischer Faktoren ab, weshalb sich keine allgemeinen abstrakten Aussagen über funktionierende Kombinationen machen lassen. Mein Ansatz basiert auf dieser zweiten Sichtweise.

Unsere Aufgabe ist es nun, die alternativen Wege zu bestimmen, auf denen wir die Stärkung und Vertiefung der sozialistischen Komponente der Hybride konzeptualisieren können. Ich nenne dies das Problem der *strukturellen Konfigurationen gesellschaftlicher Ermächtigung.*

Ein visuelles Vokabular

Um das Problem der Vergrößerung und Vertiefung der sozialistischen Komponente innerhalb hybrider Wirtschaftssysteme zu diskutieren, ist es sinnvoll, die unterschiedlichen Muster der Wechselbeziehungen zwischen den drei Machtformen als Grafiken darzustellen. Das visuelle Vokabular, das ich zu diesem Zweck verwende, zeigt die Abbildung 1. Die Pfeile geben die Richtung und Stärke des Einflusses einer Machtform auf eine andere an.

Somit ist in Abbildung 1a die staatliche Macht der gesellschaftlichen Macht untergeordnet. Üblicherweise gilt dies als Prinzip der Demokratie im

Sinne der »Herrschaft des Volkes«. Damit ist nicht die Herrschaft einer Ansammlung atomisierter Individuen gemeint; vielmehr bilden die Menschen freiwillige Assoziationen (wie etwa Parteien), um die Ausübung von Staatsgewalt zu kontrollieren – vor allem durch den institutionellen Mechanismus von Wahlen. In einer Demokratie ist die staatliche Macht immer noch wichtig – wozu bräuchte es sonst die Demokratie, wenn der Staat keine Macht hat? –, aber diese Macht wird nicht autonom von Staatsbeamt*innen ausgeübt; sie ist der gesellschaftlichen Macht untergeordnet.

In Abbildung 1b ordnet sich die wirtschaftliche Macht die gesellschaftliche Macht unter. Die uneingeschränkte Finanzierung politischer Parteien durch Spenden von Unternehmen und Reichen in den USA wäre hierfür ein Beispiel. Politische Parteien sind dann immer noch wichtig – sie stellen die Staatsbeamt*innen, die die Staatsgewalt unmittelbar ausüben –, aber die von den Parteien mobilisierte gesellschaftliche Macht ist ihrerseits der wirtschaftlichen Macht untergeordnet.

Diese Konfigurationen können zu Ketten von Machtverhältnissen verbunden werden, wie sie die nächsten beiden Grafiken illustrieren. In Abbildung 1c basiert der Einfluss der Unternehmen auf die

Abb. 1: Visuelle Repräsentation von Machtkonfigurationen

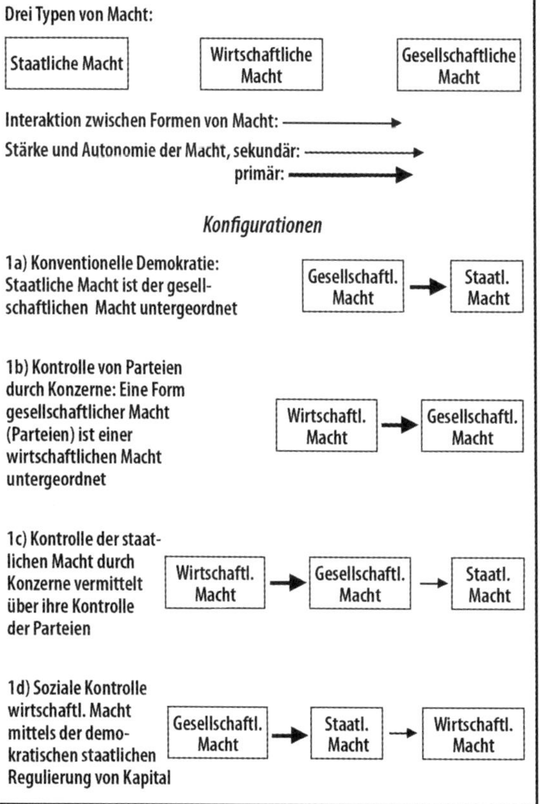

Staatsmacht auf der Unterordnung der politischen Parteien durch die wirtschaftliche Macht. In Abbildung 1d schließlich kontrolliert die gesellschaftliche Macht die ökonomische Macht vermittelt über die Staatsgewalt. Das ist das Ideal der Sozialdemokratie: Der Staat kontrolliert das Handeln der kapitalistischen Unternehmen, ist aber selbst demokratischer gesellschaftlicher Macht untergeordnet.

Abbildung 2 illustriert die Konfigurationen von Machtformen innerhalb einer dominant kapitalistischen hybriden Ökonomie und einer dominant sozialistischen hybriden Ökonomie. Die Pfeile zeigen die Kontrolle über die Wirtschaftstätigkeit an: Investitionen, Produktion und Verteilung von Waren und Dienstleistungen. Bei der kapitalistischen Ermächtigung sind die gesellschaftliche und die staatliche Macht der wirtschaftlichen Macht untergeordnet; im Falle der sozialistischen Ermächtigung sind die wirtschaftliche und staatliche Macht der gesellschaftlichen Macht untergeordnet.

Sozialistische Ermächtigung: Wege zum Aufbau eines sozialistischen Hybrids

Der Zweck der Schemata besteht darin, verschiedene Konfigurationen der gesellschaftlichen Ermächtigung zu veranschaulichen. Darin können

Abb. 2: Konfigurationen kapitalistischer und sozialistischer Ermächtigung

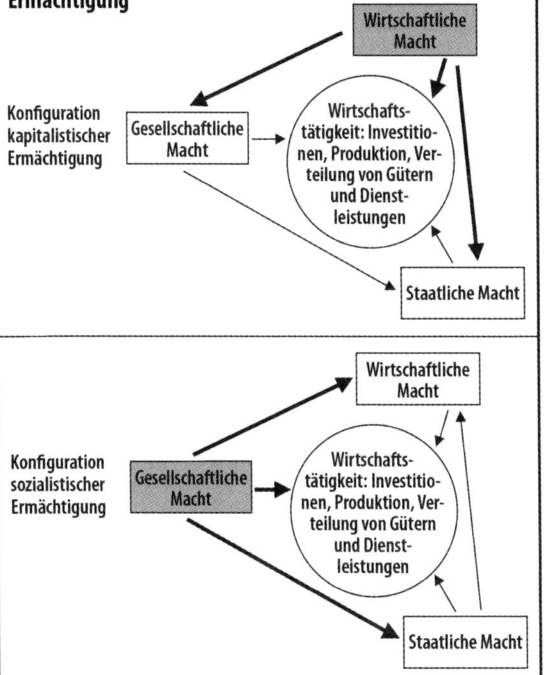

unterschiedliche Formen fortschrittlicher Politik, Reformen von Institutionen und politische Strategien verortet werden. Sieben solcher Konfigurationen sind besonders wichtig: 1. etatistischer Sozialismus; 2. sozialdemokratisch-etatistische Regulierung; 3. Assoziationendemokratie; 4. sozialer Kapitalismus; 5. solidarische Ökonomie; 6. kooperative Marktwirtschaft; 7. partizipatorischer Sozialismus. Jede dieser Konfigurationen werde ich im Folgenden kurz diskutieren.

1. Etatistischer Sozialismus

Die Konfiguration in Abbildung 3 entspricht der klassischen Definition des Sozialismus, in der die gesellschaftliche Macht die Wirtschaftstätigkeit vermittelt über den Staat kontrolliert. Investitionen, Produktion und Verteilung werden direkt durch die Ausübung staatlicher Macht gesteuert – zum Beispiel

Abb. 3: Etatistischer Sozialismus

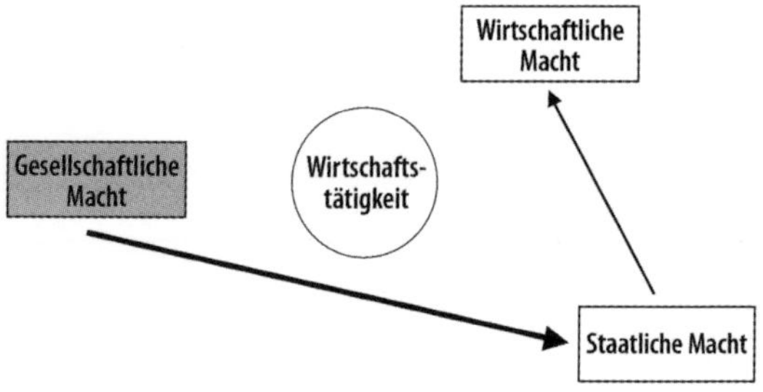

durch staatliches Eigentum und durch die Kontrolle der wirtschaftlichen Entscheidungsträger. Gleichzeitig ist die staatliche Macht der gesellschaftlichen Macht in Form demokratischer Verantwortlichkeit untergeordnet. Diese Konfiguration stand im Mittelpunkt der traditionellen marxistischen Idee des revolutionären Sozialismus. Allerdings brachten die im Namen des Sozialismus angetretenen Revolutionen im 20. Jahrhundert offensichtlich ganz andere Ergebnisse hervor. Sobald sich die Macht der revolutionären Parteien in Gestalt des Einparteienstaates konsolidierte, wurde der »real existierende Sozialismus« zu einer Form des autoritären Etatismus (Abbildung 4): Gesellschaftliche und wirtschaftliche Macht waren der staatlichen untergeordnet.

Abb. 4: Autoritärer Etatismus

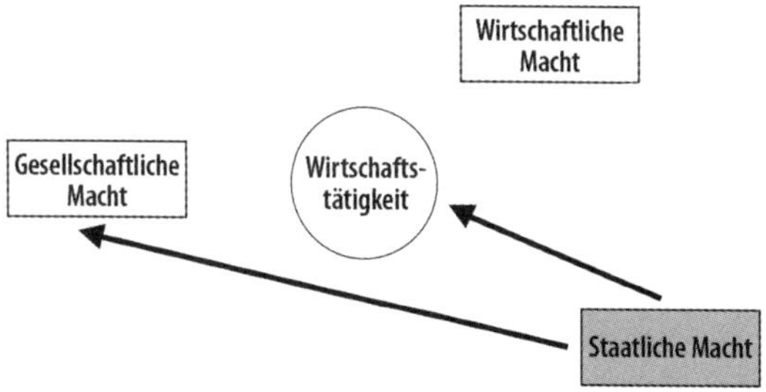

Die Erfahrung des autoritären Etatismus hat zu Recht eine ausgeprägte Skepsis gegenüber dem Modell eines Sozialismus mit zentraler Planwirtschaft nach sich gezogen. Dennoch bleibt die Machtkonfiguration des etatistischen Sozialismus ein wichtiger Bestandteil jeder Perspektive zur Überwindung des Kapitalismus, insbesondere was große Infrastrukturprojekte, öffentliche Verkehrsmittel, verschiedene Formen natürlicher Monopole und zumindest die Eckpfeiler des Finanzsystems betrifft.

2. Sozialdemokratisch-etatistische Regulierung

In der nächsten Konfiguration (Abbildung 5) regelt die gesellschaftliche Macht die Wirtschaft vermittelt über die staatliche und ökonomische Macht. Das ist

Abb. 5: Sozialdemokratisch-etatistische Regulierung

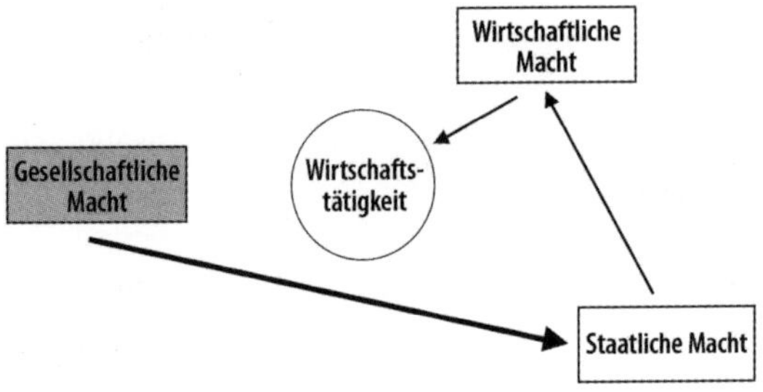

ein wichtiger Aspekt sozialdemokratischer Politik. Die kapitalistische wirtschaftliche Macht steuert zwar die Wirtschaftstätigkeit konkret – die Kapitalisten kontrollieren weiterhin die Investitionen, stellen Manager und Arbeitskräfte an, organisieren den Arbeitsprozess etc. Aber diese Macht wird durch staatliche Macht reglementiert, die wiederum der gesellschaftlichen Macht untergeordnet ist. Die regulative Kontrolle der Ausübung von Wirtschaftsmacht, die demokratische Beschränkung der Entscheidungsbefugnisse des Kapitals kann etwa die Arbeitsbedingungen und die Arbeitsplatzsicherheit verbessern und die Umwelt schützen.

Allerdings geht die etatistische Regulierung der kapitalistischen Wirtschaftsmacht nicht unbedingt mit gesellschaftlicher Ermächtigung einher. Wie im Falle des etatistischen Sozialismus kommt es darauf an, inwieweit die staatliche Macht Ausdruck der demokratischen Ermächtigung durch die Zivilgesellschaft ist. In den gegenwärtigen kapitalistischen Gesellschaften ist die etatistische Wirtschaftsregulierung in hohem Maße selbst der ökonomischen Macht untergeordnet (Abbildung 6). In der kapitalistisch-etatistischen Konfiguration reguliert die staatliche Macht das Kapital, aber in einer Weise, die systematisch auf die Macht des Kapitals

Abb. 6: Kapitalistisch-etatistische Regulierung

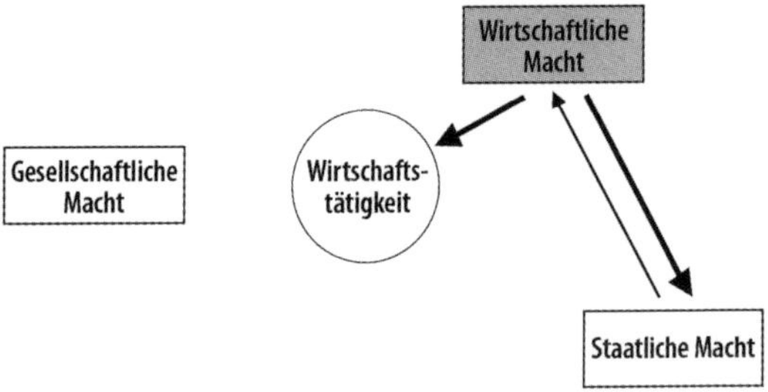

selbst reagiert. In den USA lassen sich als Beispiele die massive Beteiligung der Kapitalverbände an der Regulierung der Airlines, des Energiesektors oder der Landwirtschaft nennen. Und vielleicht noch wichtiger für die Konfiguration der Machtverhältnisse ist die strukturelle Abhängigkeit des Staates von der kapitalistischen Ökonomie.

3. Assoziationendemokratie

Assoziationen- oder Verbandsdemokratie [*associational democracy*] (Abbildung 7) umfasst eine breite Palette von institutionellen Instrumenten, durch die Akteure der Zivilgesellschaft direkt an Regierungstätigkeiten partizipieren – in der Regel an der Seite staatlicher Institutionen.

Abb. 7: Assoziationendemokratie

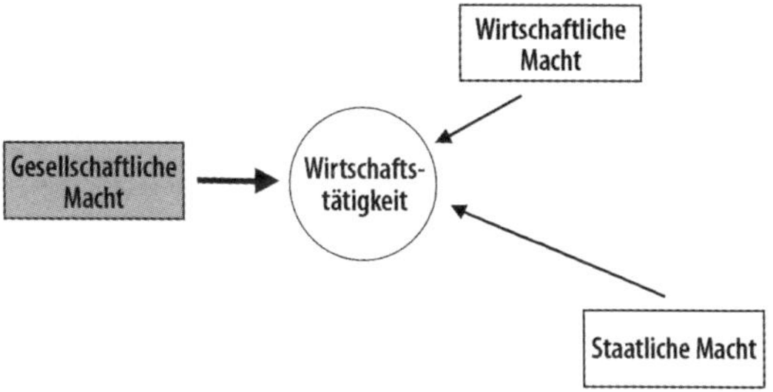

Das bekannteste Beispiel ist wohl das dreigliedrige neokorporatistische Arrangement in einigen sozialdemokratisch geprägten Gesellschaften: Die organisierte Arbeiterschaft, Unternehmerverbände und der Staat handeln wirtschaftliche Regularien aus, insbesondere für den Arbeitsmarkt und die Beschäftigungsverhältnisse.

Die Assoziationendemokratie kann auf viele andere Bereiche ausgeweitet werden, zum Beispiel auf Gemeinderäte, in denen zivilgesellschaftliche Vereinigungen, Umweltgruppen und staatliche Stellen bei der Regulierung von Ökosystemen zusammenarbeiten; oder auf Gesundheitsräte, in denen Gruppen, Verbände und Beamt*innen aus dem medizinischen Bereich mitwirken. Die Assoziationendemokratie kann zur gesellschaftlichen Ermächtigung beitragen, wenn zum einen die beteiligten Organisationen intern demokratisch organisiert sind und die Interessen der Zivilgesellschaft repräsentieren und zum anderen der Entscheidungsprozess nicht von den Eliten und dem Staat manipuliert wird, sondern offen und deliberativ abläuft.

4. Sozialer Kapitalismus

»Sozialer Kapitalismus« ist kein geläufiger Begriff; ich bezeichne damit eine Machtkonfiguration, in der Verbände der Zivilgesellschaft durch eine Vielzahl von Mechanismen unmittelbar Einfluss auf die wirtschaftliche Macht ausüben (Abbildung 8). Der *Fonds de solidarité* in Québec ist hierfür ein gutes Beispiel.

Abb. 8: Sozialer Kapitalismus

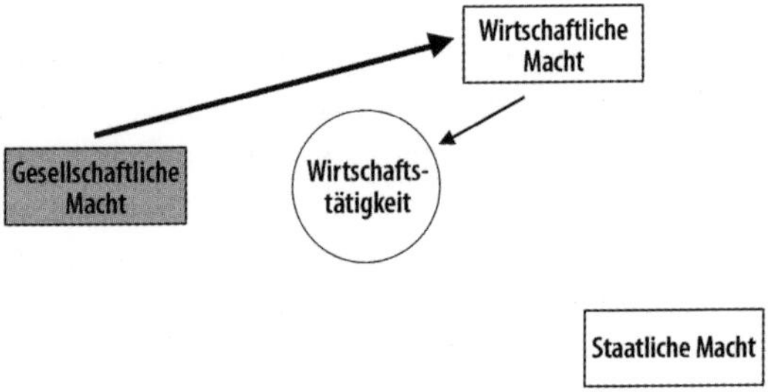

Der *Fonds de solidarité*, der von den Gewerkschaften in den 1980er Jahren entwickelt wurde, setzt seine Mittel zum Schutz und zur Schaffung von Arbeitsplätzen ein statt nur dazu, die Rendite der Pensionskassen zu erhöhen. Hierzu wird in kleine und mittlere Unternehmen investiert, entweder durch *Private Equity*-Investitionen oder durch Darlehen. Diese Investitionen kommen in der Regel Firmen zugute, die in der Region verwurzelt sind und sozialen Kriterien genügen. Der Solidaritätsfonds ist auch an der Unternehmensführung beteiligt, oftmals durch Vertretungen im Vorstand. Das Konzept der Stakeholder-Gremien, in denen alle Personengruppen vertreten sind, die mit einem Unternehmen zu tun haben (Kapitaleigner, Arbeiter*innen, Anwohner*innen, Konsument*innen etc.), stellt ebenfalls eine Form des sozialen Kapitalismus dar.

Die bloße Tatsache, dass die gesellschaftliche Macht auf die wirtschaftliche Macht einwirkt, bedeutet jedoch nicht schon, dass es sich dabei um eine Form gesellschaftlicher Ermächtigung handelt. In Abbildung 9 beeinflusst die gesellschaftliche Macht die ökonomische Macht, tut dies aber in einer Weise, die der ökonomischen Macht untergeordnet bleibt. Beispiel dafür sind Handelsvereinigungen, die durch den freiwilligen Zusammenschluss kapitalistischer

Abb. 9: Regulierung durch kapitalistische Zusammenschlüsse

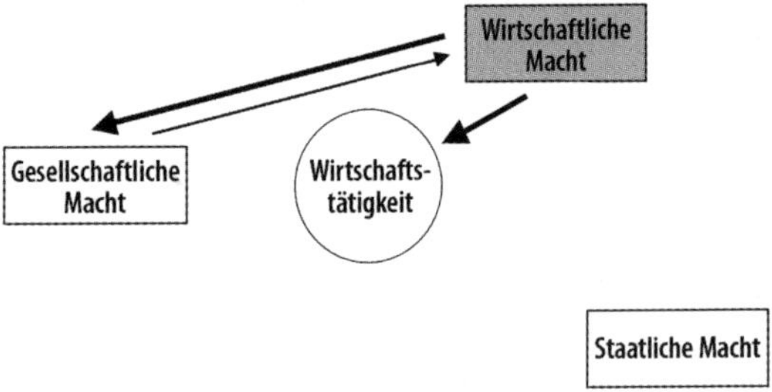

Unternehmen gebildet werden, etwa um Industriestandards festzulegen. Hierbei handelt es sich um Formen kapitalistischer, nicht sozialistischer Ermächtigung.

5. Kooperative Marktwirtschaft

Ausgangspunkt der Konfiguration »Kooperative Marktwirtschaft« sind selbstverwaltete Betriebe, die sich im Besitz der Belegschaft befinden und zugleich innerhalb einer kapitalistischen Ökonomie existieren; das egalitäre Eine-Person-eine-Stimme-Prinzip bedeutet dann, dass die Machtbeziehungen innerhalb eines Unternehmens auf freiwilliger Kooperation und Überzeugung beruhen, nicht auf der relativen wirtschaftlichen Macht der Beteiligten. Gemein-

Abb. 10: Kooperative Marktwirtschaft

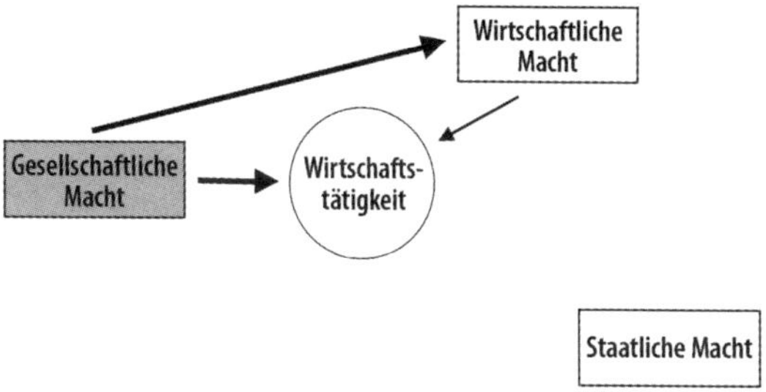

sam kontrollieren sie durch demokratische Mittel die wirtschaftliche Macht, das Kapital im Unternehmen. Und wenn die einzelnen Genossenschaften sich zu größeren Verbänden zusammenschließen – vielleicht sogar zu einer Genossenschaft der Genossenschaften, die Finanzierung, Ausbildung und Unterstützungsleistungen im Namen aller übernimmt –, dann transzendieren sie den kapitalistischen Charakter ihres wirtschaftlichen Umfelds durch eine kooperative Marktwirtschaft (Abbildung 10). Die übergreifende Genossenschaft erweitert in einem solchen Markt den sozialen Charakter des Eigentums in den einzelnen Kooperativen und verschiebt die Unternehmensführung in Richtung eines Stakeholder-Modells: Dabei werden die Betriebe von demokratischen Gremien kontrolliert, die alle Personengruppen repräsentieren, deren Leben von den Unternehmensaktivitäten beeinflusst sind.

Die *Mondragón Corporación Cooperativa*, die größte Genossenschaft und das siebtgrößte Unternehmen Spaniens, ist ein gutes Beispiel: Solche Firmen bleiben eine hybride ökonomische Form, die kapitalistische und sozialistische Elemente miteinander verbindet, wobei die sozialistische Komponente ein beträchtliches Gewicht hat.

6. Die solidarische Ökonomie

Die solidarische Ökonomie unterscheidet sich von anderen Formen der sozialen Ermächtigung dadurch, dass sie die Wirtschaftstätigkeit unmittelbar selbst organisiert. Damit unterscheidet sie sich von der kapitalistischen Produktion für den Markt, der staatlich organisierten Produktion und auch der Hauswirtschaft (Abbildung 11). Was sie auszeichnet und womit sie über andere Formen der sozialen Ermächtigung hinausgeht, ist die kollektive Produktion zur direkten Befriedigung menschlicher Bedürfnisse jenseits der Profitmaximierung oder der staatlich-technokratischen Rationalität. (Der Staat mag zwar an der Finanzierung der Kollektive beteiligt sein, aber weder organisiert er sie direkt noch ihre Leistungen.)

Abb. 11: Solidarische Ökonomie

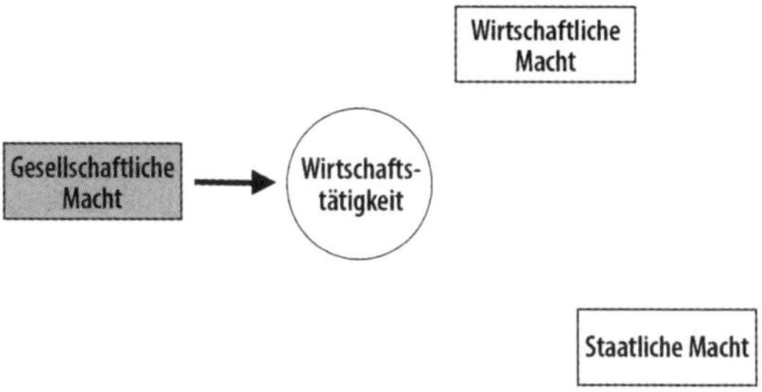

Die Organisation der Kinderbetreuung in Québec Ende der Nullerjahre mag als Beispiel dienen. Im Jahr 2008 bezahlten die Eltern nur sieben kanadische Dollar pro Tag für die Vollzeit-Kindertagesstätte, wobei staatliche Subventionen sicherstellten, dass die Beschäftigten einen ausreichenden Lohn erhielten. Diese Kitas wurden in Form von Solidaritätsgenossenschaften organisiert, die von gewählten Vertretern der Mitarbeiter*innen, der Eltern und der Gemeindemitglieder geführt wurden. Weitere Beispiele sind Formen kollaborativer, netzwerkförmiger Peer-to-Peer-Produktion. Wikipedia etwa produziert Wissen und verbreitet Informationen außerhalb des Marktes und ohne staatliche Beteiligung; die notwendigen finanziellen Mittel werden durch Spenden eingeworben. In mancher Hinsicht kann die Idee der partizipatorischen Ökonomie von Albert/Hahnel als Verallgemeinerung der Konfiguration »solidarische Ökonomie« auf die Wirtschaft als Ganzes verstanden werden.

7. Partizipatorischer Sozialismus

Die letzte Konfiguration gesellschaftlicher Ermächtigung verbindet die solidarische Ökonomie mit dem etatistischen Sozialismus: Staat und Zivilgesellschaft organisieren und kontrollieren die Güterproduktion und die Dienstleistungen (Abbildung 12). Im partizipatorischen Sozialismus ist die Rolle des Staates wichtiger als in einer rein solidarischen Ökonomie. Der Staat stellt nicht nur die Finanzmittel bereit

Abb. 12: Partizipatorischer Sozialismus

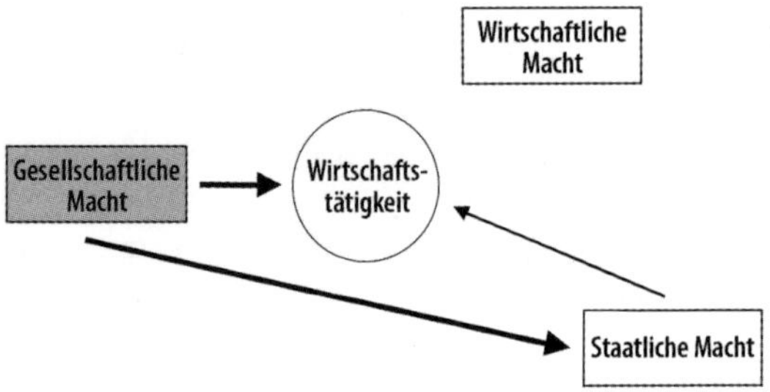

und setzt die Parameter, er ist direkt an der Organisation der wirtschaftlichen Aktivitäten beteiligt. Auf der anderen Seite unterscheidet sich der partizipatorische Sozialismus auch vom etatistischen Sozialismus, denn hier wirkt die gesellschaftliche Macht nicht nur über die herkömmlichen Wege der demokratischen Kontrolle auf die staatliche Politik ein, sondern direkt auch auf die produktiven Aktivitäten selbst. Ein Beispiel ist die partizipatorische Haushaltspolitik kommunaler Verwaltungen. Da hierbei Ressourcen zur Erzeugung von Infrastruktur zugewiesen werden, sind sie Teil der Ökonomie, und somit sind partizipatorische Haushalte nicht einfach eine Form der demokratischen Teilhabe am Staat, sondern Elemente einer sozialistischen Wirtschaft.

Über Märkte

In meinen vorangegangenen Ausführungen über Konfigurationen gesellschaftlicher Ermächtigung spielten Märkte keine große Rolle. Die Dominanz der wirtschaftlichen Macht im Kapitalismus beruht zwar auf der Zentralität der Märkte als organisatorischem Prinzip für den Austausch von Waren auf der Basis privater Eigentumsrechte; und richtig ist auch, dass die Unterordnung der wirtschaftlichen unter die gesellschaftliche Macht – entweder direkt oder indirekt vermittelt über den Staat – eine umfassende demokratische Regulierung von Märkten mit sich bringen würde, weit über die gegenwärtigen Begrenzungen der Märkte im Kapitalismus hinaus. Aber die oben skizzierten Konzepte gehen weder mit der Möglichkeit noch der Notwendigkeit einher, die Märkte abzuschaffen. Wie das Verhältnis von Markttransaktionen und marktähnlichen Prozessen zu demokratisch geplanten Ressourcenverteilungen genau aussieht, wird das Ergebnis des kontinuierlichen Experimentierens mit unterschiedlichen Lösungsversuchen sein, die den Menschen unter den Bedingungen einer demokratischen Kontrolle der Wirtschaft zur Verfügung stehen.

Markttransaktionen als solche halte ich nicht unbedingt für unerwünscht. Nicht wünschenswert sind zwei Dinge, die im Allgemeinen stark mit Märkten verbunden sind: erstens, dass Märkte es Menschen und Organisationen ermöglichen können, sich Vorteile gegenüber anderen zu verschaffen. Und zweitens, dass Märkte, so sie unzureichend reguliert sind, zu zerstörerischen externen Effekten führen, die Menschen Schaden zufügen. Aber wenn sich diese Probleme minimieren lassen, dann ist die bloße Tatsache, dass sich Käufer und Verkäufer von

Waren und Dienstleistungen darauf einigen, Dinge zu einem gegenseitig vereinbarten Preis auszutauschen, an sich nicht verwerflich.

Wie Robin fühle ich mich den Werten der Gleichheit und Demokratie verpflichtet, und beide Prinzipien werden durch unkontrollierte Marktprozesse verletzt: Märkte erzeugen zum einen systematisch Ungleichheiten, und zum anderen verstoßen sie gegen demokratische Grundsätze, indem sie den Menschen Tauschhandlungen ohne Rücksicht auf deren soziale Kosten ermöglichen. Deswegen, so argumentiert Robin, müssten in der bestmöglichen Volkswirtschaft – in der demokratische und egalitäre Werte umfassend verwirklicht sind – die Märkte verschwinden und durch eine partizipatorische Planung ersetzt werden.

Wenn ich nun Robin darin zustimme, dass Märkte dazu tendieren, wichtige Grundwerte zu verletzen – warum vertrete ich dann dennoch die Ansicht, dass in einer nachkapitalistischen, demokratisch-egalitären Wirtschaft Märkte wahrscheinlich eine bedeutende Rolle spielen werden? Zwei wichtige Probleme sind dabei zu bedenken.

Die erste Frage betrifft die komplizierte Implementierung institutioneller Lösungen von sozioökonomischen Problemen. Bei der Überwindung eines so komplexen Systems wie dem des Kapitalismus müssen notwendigerweise zahlreiche Kompromisse zwischen konkurrierenden Werten gefunden werden, wobei in bestimmten Situationen und Kontexten Märkte eine sinnvolle Rolle spielen können. Das gilt nicht nur für die Phase des Übergangs vom Kapitalismus zu einer demokratisch-egalitären Gesellschaft, sondern auch für die institutionelle Ausgestaltung der Alternative selbst.

Nehmen wir ein einfaches Beispiel: gebrauchte Güter, die Leute nicht mehr benötigen. Eine Lösung könnte darin bestehen, dass den Menschen einfach überlassen bleibt, an wen und zu welchem Preis sie diese Güter verkaufen wollen. Eine andere würde darin bestehen, Vorschläge für das, was mit diesen Dingen getan werden sollte, in das Planungsverfahren für Konsumgüter einzubringen. In einer Welt, in der die Menschen ein ausgeprägtes ökologisches Bewusstsein haben, könnte ein Markt für gebrauchte Güter ausgesprochen wichtig sein und einen beträchtlichen Teil des Gesamtverbrauchs abdecken. Was wäre nun die optimale Art und Weise, die Verteilung von Gebrauchtwaren zu organisieren? Eine Marktlösung würde hier wahrscheinlich besser funktionieren als die partizipatorische Planung – weniger Aufwand, schnellere Transaktionen mit weniger Kosten etc.

Oder ein ganz anderes Beispiel: die Zuteilung von Tickets und Sitzplätzen im Theater. Karten für die besten Sitze zu erhalten ist einigen Menschen wichtiger als anderen. Solange die Einkommensstruktur egalitären Standards genügt, sehe ich keinen Grund, warum die Tickets nicht einfach das kosten sollen, was die Leute für einen bestimmten Sitzplatz jeweils zu zahlen bereit sind. Das bedeutet natürlich nicht, dass die Darsteller*innen und Mitarbeiter*innen in einem Theaterkollektiv als Einkommen den vollen Betrag erhalten, den die Leute auf dem Markt für Tickets zu bezahlen bereit sind, denn dies würde das Prinzip der fairen Entlohnung verletzen. Die Besteuerung von Einkommen, das durch den Verkauf von Tickets erzielt wird, könnte das verhindern.

Dies sind nur zwei Beispiele für Situationen, in denen Marktlösungen sinnvoll erscheinen, es könnten weit mehr gefunden werden.

Die zweite Frage: Welche Bedeutung könnten marktähnliche Mechanismen innerhalb eines Planungsprozesses haben? Ich möchte hier allerdings keine Expertendiskussion darüber führen, was als »Markt« definiert werden kann und was nicht. Der grundlegende Punkt ist gleichwohl einfach zu erklären. In Robins Modell eines demokratisch-egalitären Wirtschaftssystems ohne Märkte werden die Verteilung der produktiven Ressourcen und die Preise für die Produkte zunächst durch einen iterativen partizipatorischen Planungsprozess bestimmt, der die Konsumplanung und die Produktionsplanung miteinander verbindet. Zwei wesentliche Merkmale dieses Prozesses könnten in der Praxis einen marktähnlichen Charakter annehmen.

Erstens gibt es bei der Umsetzung des Planungsprozesses einen Mechanismus, den Robin »Anpassungen« nennt. Nicht spezifiziert wird dabei – weil tatsächlich nicht vorhersehbar – das Ausmaß dieser Anpassungen an die anfänglichen Zuteilungen der Ressourcen und welche Rolle dabei marktähnliche Prozesse von Angebot und Nachfrage spielen. Wenn diese Anpassungen recht umfangreich ausfallen und zum Beispiel »Inventurverkäufe« beinhalten (bei denen die Preise deutlich fallen), dann könnten die Anpassungsmechanismen in Hinblick auf die Allokations- und Preisbildungsprozesse einem Marktprozess sehr ähnlich sehen.

Der zweite Punkt betrifft den Teil des Planungsprozesses, bei dem die Konsument*innen ihre Verbrauchspläne für das kommende Jahr einreichen. Wenn in der Praxis fast alle einfach den vorgegebenen Konsumplan einreichen, da sie die gleichen Güter verbrauchen wollen wie im Vorjahr, dann unterscheidet sich die Konsumentenbeteiligung nicht sonderlich von jener, die der Markt bietet: Den Produzent*innen werden Informationen über den Konsum des Vorjahres geliefert.

Mein Kernpunkt ist: Ich halte es für wahrscheinlich, dass Märkte und marktähnliche Arrangements innerhalb des Planungsprozesses eine wichtige Rolle spielen werden. Einfach deswegen, weil die Menschen sie als den simpelsten und effektivsten Weg betrachten werden, mit bestimmten Problemen umzugehen. Das heißt natürlich nicht, dass diese Marktelemente genauso wie in einem System ohne partizipatorische Planung funktionieren würden: Der Planungsprozess selbst verändert deren Auswirkungen. Markt und Planung sind also nicht als Gegensätze zu denken. Vielmehr geht es um die Feinjustierung von Planungs- und Marktmechanismen, sowohl bei der Allokation der Ressourcen für die Produktion als auch bei der Distribution der Güter und Dienstleistungen. Da wir momentan von einer demokratisch-egalitären Wirtschaftsordnung sehr weit entfernt sind, können wir auch nicht vorhersagen, welche Entscheidungen Menschen träfen, wenn sie die Möglichkeit dazu hätten. In welchem Umfang Märkte und marktähnliche Prozesse Teil der wirtschaftsdemokratischen Konfiguration sein werden, hängt von einer Reihe praktischer Fragen ab, von denen viele im Voraus nicht zu beantworten sind.

Realutopien und Transformation

Den Kapitalismus in eine sozialistische Richtung zu transformieren bedeutet, die Wirtschaft durch die sieben oben beschriebenen Konfigurationen zu demokratisieren (Abbildung 13). In diesem Prozess bleibt die Wirtschaftsstruktur ein Hybrid aus

Abb. 13: Kombinierte Konfigurationen sozialer Ermächtigung

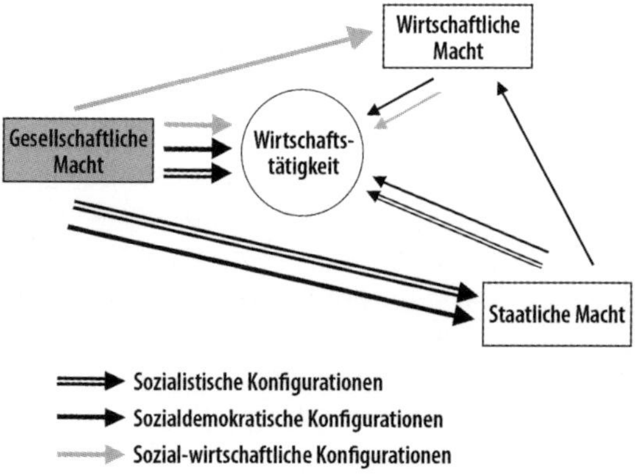

kapitalistischen, etatistischen und sozialistischen Praktiken und Beziehungen, aber die sozialistische Dimension gewinnt an Gewicht und rückt ins Zentrum. Zwar ist denkbar, dass die gesellschaftliche Macht in einer dieser Konfigurationen ausgeweitet und vertieft wird und die Dominanz des Kapitalismus dennoch erhalten bleibt. Aber wenn es möglich ist, die gesellschaftliche Macht innerhalb *aller* dieser Konfigurationen zu erhöhen, dann könnte der kumulative Effekt eine qualitative Transformation sein, in der der Sozialismus zur dominanten Form der Beziehungen innerhalb eines komplexen ökonomischen Hybrids wird und sowohl den Kapitalismus als auch den Etatismus demokratisierten Machtbeziehungen unterordnet.

Das ist natürlich ein »Wenn« mit einem großen Fragezeichen. Zu Beginn des 21. Jahrhunderts scheint gegenüber dem Sozialismus Skepsis angebracht: Wie aussichtsreich kann ein Versuch sein, die kapitalistische Dominanz zu überwinden, wie tragfähig wären alternative Institutionen? Die Macht des Kapitals scheint so massiv zu sein, dass es erfolgreich und unerbittlich zurückschlagen könnte, sollte es jemals durch gesellschaftliche Macht bedroht sein. Echte Fortschritte beim Vorantreiben der Demokratisierung der Wirtschaft scheinen unmöglich, solange der Kapitalismus dominant ist. Aus diesem Grund waren radikale Antikapitalist*innen oft der Ansicht, die Macht des Kapitals zu zerschlagen sei die Vorbedingung für jedwede Bewegung in Richtung Sozialismus, nicht deren Folge.

Marx hatte eine elegante Lösung für dieses Problem. Er glaubte, dass der Kapitalismus auf lange Sicht seine eigenen Existenzbedingungen zerstört: Seine Bewegungsgesetze und inneren Widersprüche machten ihn als System zunehmend zerbrechlich und verletzlich; die herrschende Klasse und ihre politischen Verbündeten seien mit der Zeit immer weniger imstande, den Wandel aufzuhalten – bis der Kapitalismus seine eigenen Existenzbedingungen schließlich so geschwächt habe, dass er umstürzbar werde. Das war eine sehr weitgehende Vorhersage, keine nur vorsichtige Hypothese über zukünftige Möglichkeiten.[3] Sie sagt zwar noch nichts zu dem Problem, wie genau die emanzipatorische Alternative zum Kapitalismus aufgebaut werden soll. Aber zumindest erscheint das Problem, das Hindernis der bestehenden Machtverhältnisse zu überwinden, nicht mehr so entmutigend groß.

Heute glauben selbst unter Marxist*innen nur noch wenige Menschen, dass der Kapitalismus sich selbst zerstören wird. Er mag krisengeschüttelt sein und großes Leid in der Welt verursachen, aber er hat auch eine enorme Widerstandskraft und ist fähig, Alternativen effektiv zu blockieren. Das Problem der Transformation kann daher nicht so verstanden werden, als müsste man nur abwarten, bis der Kapitalismus ausreichend geschwächt und die Zeit reif für seinen Sturz sei. Nötig ist vielmehr ein Verständnis dafür, wie Transformationsstrategien kapitalistische Machtverhältnisse langfristig erodieren lassen können und wie sich sozialistische Alternativen aufbauen lassen.

Drei strategische Logiken der Transformation haben die Geschichte des antikapitalistischen Kampfes geprägt. Ich bezeichne sie als *rupturale, interstitielle* und *symbiotische* Strategien:

- Rupturale Transformationen zielen auf einen scharfen Bruch mit bestehenden Institutionen und gesellschaftlichen Strukturen, um neue, emanzipatorische Institutionen zu schaffen – vorstellbar als eine kriegsähnliche Auseinandersetzung, bei der der Sieg von der entscheidenden Niederlage des Feindes in einer direkten Konfrontation abhängt. Die Folge des Sieges wäre ein radikaler Bruch, bei dem bestehende Institutionen zerschlagen und neue in ziemlich kurzer Zeit aufgebaut würden. In den meisten Versionen beinhaltet dieses revolutionäre Szenario die Übernahme der Staatsmacht, die zügige Umgestaltung der staatlichen Strukturen und die anschließende Verwendung dieser neuen Staatsapparate, um die dominierende Klasse innerhalb der Wirtschaft zu entmachten.

- Interstitielle (= Zwischenräume bildende) Transformationen versuchen, neue Formen gesellschaftlicher Ermächtigung in den Nischen und an den Rändern der kapitalistischen Gesellschaft aufzubauen, oft dort, wo sie keine unmittelbare Bedrohung für die dominanten Klassen und Eliten darzustellen scheinen. Pierre-Josephs Vision, eine kooperative Alternative zum Kapitalismus innerhalb des Kapitalismus selbst aufzubauen, ist eine Variante dieses Konzepts aus dem 19. Jahrhundert. Auch die vielen Experimente in der Sozialwirtschaft sind heute Beispiele. Die zentrale theoretische Idee ist, dass der Aufbau von Alternativen vor Ort in allen möglichen Räumen sowohl eine ideologiekritische Funktion erfüllt, indem er zeigt, dass alternative Arbeits- und Lebensweisen möglich sind, als auch die Einschränkungen der Räume potenziell selbst untergräbt.
- Symbiotische Transformationen nutzen den Staat, um die institutionellen Formen gesellschaftlicher Mitwirkung auf eine Weise zu erweitern und zu vertiefen, die zugleich auch bestimmte praktische

Probleme der dominanten Klassen und Eliten löst. Der Grundgedanke dabei ist, dass es innerhalb des Kapitalismus mehrere institutionelle Gleichgewichte gibt, die alle funktional mit ihm vereinbar sind (nämlich zur Lösung von Problemen der kapitalistischen Reproduktion beitragen), von denen aber einige für die Kapitalisten besser sind als andere und von denen einige mehr gesellschaftliche Teilhabe beinhalten als andere. Eine symbiotische Transformation zielt darauf ab, die gesellschaftlichen Einflussmöglichkeiten zu erweitern und zugleich noch immer eine institutionelle Konfiguration zu erreichen, die zu einem funktionierenden Kapitalismus beiträgt. In den 1970er Jahren sprach man hier von »nichtreformistischen Reformen« – Reformen also, die das Leben innerhalb des bestehenden Wirtschaftssystems verbessern und zugleich das Potenzial für zukünftige Fortschritte der demokratischen Macht vergrößern sollten. Dieser Ansatz findet sich auch in vielen Formen des bürgerlichen Aktivismus, in denen soziale Bewegungen, lokale Führungskräfte und kommunale Regierungen auf eine Weise zusammenarbeiten, die sowohl die Demokratie fördert als auch praktische Probleme löst.

Alle drei strategischen Logiken haben ihren historischen Platz innerhalb antikapitalistischer sozialer

Bewegungen. Rupturale Strategien sind am engsten mit revolutionärem Sozialismus und Kommunismus verbunden, interstitielle Strategien mit einigen Strömungen des Anarchismus und symbiotische Strategien mit der Sozialdemokratie. Einwände lassen sich gegen alle drei leicht finden. Rupturale Strategien üben auf Kapitalismus-Kritiker*innen eine unwiderstehliche romantische Anziehungskraft aus, aber die historische Bilanz ist ziemlich düster. Es gibt keinen Fall, in dem der Sozialismus, wie er in diesem Buch definiert wird – eine zutiefst demokratische und egalitäre Organisation der Machtverhältnisse innerhalb einer Ökonomie –, als stabiles Ergebnis einer rupturalen Strategie zustande gekommen wäre. Dieser Weg scheint in der Praxis eher zu einem autoritären Etatismus als zu einem demokratischen Sozialismus zu führen. Interstitielle Strategien wiederum mögen das Leben vieler Menschen verbessert und auf mehr Feldern demokratische, egalitäre Praxen hervorgebracht haben, aber nirgends ist es ihnen gelungen, die kapitalistischen Machtverhältnisse nennenswert zu untergraben. Die symbiotischen Strategien schließlich haben in den erfolgreichsten Varianten der Sozialdemokratie sicherlich zu einem humaneren Kapitalismus geführt, mit weniger Armut, weniger Ungleichheit und weniger Unsicherheit, aber dies auf eine Weise, die den Kapitalismus stabilisiert und die zentrale Macht des Kapitals intakt belassen hat. Jeder Vorstoß von symbiotischen Strategien in der Geschichte, der diese Macht potenziell zu bedrohen schien, wurde vom Kapital massiv bekämpft. Die Reaktion der schwedischen Kapitalisten auf Vorschläge für eine ernsthafte Beteiligung der Gewerkschaften an der Kontrolle über Investitionen in den späten 1970er Jahren ist eines der bekanntesten Beispiele. Das sind alles vernünftige Einwände – zusammengenommen aber legen sie für viele Menschen nahe, dass eine Überwindung des Kapitalismus durch irgendeine langfristige, kohärente *Strategie* schlicht nicht möglich sei.

Pessimistisch zu sein ist eine intellektuell leichte Übung, zeugt vielleicht sogar von intellektueller Faulheit. Oft schließen Pessimist*innen allzu leichtfertig von Erfahrungen aus der Vergangenheit auf die Zukunft. Unsere Theorien über die Zukunft sind jedoch viel zu vage, als dass wir wissen könnten, was alles *nicht* passieren kann. Für die Entwicklung von Strategien der sozialen Transformation wäre es daher angemessen, jetzt Dinge zu tun, die uns in die beste Ausgangslage bringen, um später mehr zu tun: indem wir Institutionen und

Strukturen schaffen, die die Chancen erhöhen, dass sich bietende historische Gelegenheiten auch genutzt werden können.

In diesem Sinne denke ich, dass in den entwickelten kapitalistischen Ländern diejenige strategische Orientierung die besten Zukunftsaussichten hat, bei der hauptsächlich interstitielle und symbiotische Strategien zusammenspielen, vielleicht mit gelegentlich involvierten Elementen der rupturalen Strategie. Durch interstitielle Strategien können Aktivist*innen und Gemeinschaften realutopische wirtschaftliche Institutionen aufbauen und stärken, die demokratischen, egalitären Prinzipien folgen, wo immer es möglich ist. Symbiotische Strategien durch den Staat können helfen, für diese interstitiellen Innovationen größere Räume zu eröffnen, mehr Unterstützung zu gewinnen. Das Zusammenspiel zwischen interstitiellen und symbiotischen Strategien könnte dann in das hybride kapitalistische System eine Schneise schlagen, um die sozialistischen Elemente zu vertiefen.

Arbeiterkooperativen sind hierfür ein gutes Beispiel. Unter den bestehenden Bedingungen gibt es für solche Genossenschaften ernsthafte Hindernisse, ein bedeutender Bestandteil der Marktwirtschaft zu werden: Die Kreditmärkte sind skeptisch gegenüber von Arbeiter*innen geführten Firmen; vorsichtige Arbeiter*innen zögern, ihre Ersparnisse in ein Unternehmen zu stecken, das eine geringe Erfolgswahrscheinlichkeit hat; die Genossenschaften selbst haben es mit Lieferketten zu tun, in denen sie aufgrund ihrer eigenen Größe mit höheren Kosten konfrontiert sind als konkurrierende kapitalistische Unternehmen. Symbiotische Strategien, die sich an die öffentliche Politik richten, könnten all diese Probleme angehen. Angesichts des Potenzials von Genossenschaften in Arbeitnehmerbesitz, Probleme wie Arbeitslosigkeit, eine sich verschlechternde Steuerbasis oder instabile Communitys anzugehen, könnten neue Spielregeln zur Unterstützung solcher Kooperativen politische Zugkraft erlangen. Selbst innerhalb der Logik der Marktwirtschaft rechtfertigen hier die positiven externen Effekte öffentliche Subventionen oder Versicherungssysteme, die die Lebensfähigkeit der Genossenschaften erhöhen. Eine solche Politik könnte die Bedeutung einer genossenschaftlichen Marktwirtschaft innerhalb des breiteren kapitalistischen Wirtschaftssystems nach und nach vergrößern.

Viele andere realutopische Institutionen und Innovationen könnten dazu beitragen, die gesellschaftliche Ermächtigung über das Wirtschaftsleben zu vertiefen. Mal wäre das mit wenig oder gar keiner staatlichen Beteiligung möglich; ein andermal wäre staatliche Unterstützung ein Gewinn. Hier ein paar Beispiele:[4]

- Peer-to-Peer-Gemeinschaftsproduktion: Wikipedia, Open-Source-Software,
- urbane Landwirtschaft mit Community Land Trusts,
- gemeinschaftseigene Werkstätten (FabLabs, MakerSpaces) für fortschrittliche, kundenspezifische, kooperative Kleinserienfertigung,
- frei zugängliches geistiges Eigentum: Creative Commons, Copy Light, Open-Source-Pharmazeutika, frei herunterladbare Blaupausen für den 3-D-Druck,
- kostenlose, öffentlich bereitgestellte Güter/Dienstleistungen: Bibliotheken, kostenloser öffentlicher Nahverkehr,
- bedingungsloses Grundeinkommen,
- politische Jurys und »Demokratie per Losverfahren« [*randomocracy*],
- Ökodörfer und Transition Towns.

Eine solche Kombination aus symbiotischen und interstitiellen Strategien bedeutet nicht, dass sich der Transformationsprozess auf schnurgeradem Weg, als aufgeklärte Kooperation widerstreitender

Klassen, vollziehen könnte. Schließlich geht es hier um eine Transformation der zentralen Machtverhältnisse des Kapitalismus, und diese bedroht die Interessen der Kapitalisten. Die Eliten mögen sich zwar mit einer Verringerung ihrer Macht abfinden, aber dieser Entwicklung wohl kaum freudig entgegensehen. Wenn symbiotische Transformationen auch helfen, Probleme innerhalb des Kapitalismus zu lösen, sind sie doch für die Eliten oft nicht vorteilhaft und werden daher von ihnen abgelehnt. Das bedeutet, dass ein Schlüsselelement rupturaler Strategien – Konfrontationen opponierender gesellschaftlicher Kräfte, bei denen es Gewinner und Verlierer gibt – ein Teil jedes vorstellbaren Verlaufs einer nachhaltigen gesellschaftlichen Ermächtigung sein wird. Der Zweck solcher Konfrontationen ist jedoch nicht ein systemischer Bruch mit der kapitalistischen Dominanz, sondern mehr Raum zu schaffen für das Zusammenspiel von interstitiellen und symbiotischen Strategien.

Schlussbemerkung

Dieser hier vorgeschlagene Rahmen für einen in gesellschaftlicher Ermächtigung begründeten Sozialismus beinhaltet ein Bekenntnis zu institutionellem Pluralismus und zu Heterogenität. Anstelle eines einheitlichen institutionellen Entwurfs zur Überwindung des Kapitalismus eröffnen die Konfigurationen der gesellschaftlichen Ermächtigung Raum für eine große Vielfalt institutioneller Formen. Arbeiterkooperativen und lokale sozialwirtschaftliche Projekte, staatliche Banken und Unternehmen, sozialdemokratische Regulierung privater Unternehmen, solidarische Finanzierung und Bürgerhaushalte – das alles untergräbt potenziell die Dominanz des Kapitalismus und erhöht das Gewicht der gesellschaftlichen Macht innerhalb des hybriden ökonomischen Ökosystems. Diese verschiedenen Formen erhöhen also allesamt die gesellschaftliche Macht, aber sie zeigen nicht in Richtung eines integrierten, umfassenden Systems, das von einem einzigen institutionellen Gestaltungsprinzip angetrieben wird, so wie es Robin in seiner Analyse der partizipatorischen Ökonomie vorschlägt.

Dass aber als Ziel ein institutioneller Pluralismus etabliert werden soll, legt für die Praktiken der Transformation strategischen Pluralismus nahe. Innerhalb einiger dieser Konfigurationen erfordert die Stärkung sozialer Macht den Zugang zu staatlicher Macht. Aber andere Konfigurationen können auch ohne staatliche Macht vorangetrieben werden. Dies gilt besonders für die Initiativen der Sozialwirtschaft – Arbeiterkooperative, gemeinschaftsbasierte urbane Landwirtschaft, solidarische Finanzierung, gemeinschaftliche Land Trusts etc. Aktivist*innen der Linken, besonders der radikalen Linken, betrachteten diese Art lokal orientierter, gemeinschaftsbasierter Initiativen oft als nicht sehr »politisch«, da es hier nicht immer um eine direkte Konfrontation mit der politischen Macht geht. Dahinter steht eine verengte Vorstellung von Politik. Interstitielle Strategien zur Schaffung wirklicher Utopien beinhalten zu zeigen, dass eine andere Welt möglich ist, indem man sie in den vorhandenen Räumen aufbaut, und dann gegenüber Staat und Staatstätigkeit [*public policy*] agiert, um diese Räume zu erweitern. Für viele Menschen haben solche Formen interstitieller Initiativen auch den Vorteil, dass sie unmittelbare, greifbare Ergebnisse hervorbringen, bei denen der Beitrag jedes Einzelnen eindeutig erkennbar zählt. Eine Vision von emanzipatorischen Alternativen, die in der multidimensionalen Problematik der Vertiefung der Demokratie verankert ist, kann diese breite Palette von Strategien und Projekten der Transformation umfassen.

Anmerkungen

1 Teile dieses Textes sind dem Aufsatz »Transforming Capitalism Through Real Utopias« entnommen. In: American Sociological Review, Februar 2012.

2 Eine hervorragende Erörterung der utopischen Fantasie liefert Ruth Levitas: Utopia as Method. Basingstoke 2013.

3 Zu der Frage wird anhaltend debattiert, doch ich denke, Marx war zwar Determinist, was den endgültigen Untergang des Kapitalismus angeht – jedoch keiner mit Blick auf den tatsächlichen Aufbau des Sozialismus. Der Kapitalismus könne, glaubte Marx, angesichts der unvermeidlichen Verschärfung der durch seine Bewegungsgesetze erzeugten Widersprüche nicht unbegrenzt überleben. Das bedeutet nicht, dass der Umsturz bis zu seinem tatsächlichen Zusammenbruch warten muss, sondern dass der Kapitalismus sukzessive anfälliger für einen Umsturz wird, da seine Fundamente immer brüchiger werden. Für meine Einschätzung dieses Arguments: Reale Utopien, a.a.O., S. 147–171.

4 Die meisten werden in meinem Buch *Reale Utopien* diskutiert (Kapitel 6 und 7, S. 221–372).

Robin Hahnel

Bruch mit dem Kapitalismus

In seinem vorangegangenen Beitrag hat Erik gezeigt, wie man über Systemalternativen nachdenken kann. Dabei hielt er fest, dass Märkte in einem wünschenswerten Wirtschaftssystem weiterhin eine positive Rolle spielen können, und diskutierte die Übergangsstrategie. Im Folgenden kommentiere ich hierzu zunächst einige methodologische und gesellschaftstheoretische Aspekte, bevor ich mich ausführlicher mit den Märkten beschäftige. Bei der Übergangsstrategie stimme ich mit Erik in vielem überein und werde ihm in nur wenigen Punkten widersprechen. Schließen werde ich diesen Teil mit ein paar persönlichen Beobachtungen darüber, wie die Reaktionen auf das Modell einer partizipatorischen Wirtschaft in den letzten zwanzig Jahren ausfielen.

Über Systemalternativen nachdenken

Erik wie ich haben an anderer Stelle bereits umfassende Beiträge zur Gesellschaftstheorie veröffentlicht. Im Rahmen dieses Dialogs muss es uns beiden genügen, kurz diejenigen unserer Erkenntnisse zu diskutieren, die wir für besonders wichtig halten.

1. Für Erik lässt sich die menschliche Gesellschaft entweder als »Organismus« oder als »Ökosystem« verstehen – und er stellt fest, dass »die Idee von Realutopien als ein Weg, eine Gesellschaft zu transformieren, [...] mehr im Einklang mit der Betrachtung der Gesellschaft als Ökosystem [steht]«. Ein solches System lasse sich transformieren, »indem man eine fremde Spezies einführt, die zunächst eine Nische findet, sich ausbreitet und dann womöglich schrittweise andere Arten verdrängt«.

Das Problem mit der Ökosystem-Metapher: In manchen Fällen ist die Organismus-Metapher schlicht treffender. Was ist zum Beispiel, wenn eine »fremde Spezies« emanzipatorischer Institutionen, die wir in eine kapitalistische Wirtschaft einführen wollen, nicht, oder nur durch Vereinnahmung, überleben kann? Eine rein genossenschaftliche Strategie für sozialen Wandel bestünde zum Beispiel darin, immer mehr »fremde« genossenschaftliche »Spezies« in den Kapitalismus einzuführen, bis die »einheimischen« privatwirtschaftlichen »Spezies« alle ersetzt sind. Doch wurde schon vielfach darauf hingewiesen, dass die simple Einführung von mehr Genossenschaften keinen »Systemwandel« bewirken kann: weil sie eben entweder scheitern oder vereinnahmt werden.

Ich spreche das nicht an, weil ich glaube, dass Erik und ich unterschiedlicher Meinung über Genossenschaften sind. Wir glauben beide, dass sie als *ein Teil* einer erfolgreichen Übergangsstrategie eine positive Rolle spielen können, während keiner von uns denkt, dass eine, zwei, auch viele Genossenschaften für sich schon eine erfolgreiche Strategie sein können. Mein Punkt ist, dass die Analogie, die Erik anbietet, keine der Fragen klärt, über die, wie er sie nennt, »Rupturalisten«, »Interstitialisten« und »Symbiotiker« streiten. Sie verleitet, Eriks Neigung entsprechend, lediglich dazu, stärker entlang interstitieller und symbiotischer Linien zu denken.

2. Erik unterscheidet zwischen »ameliorativen«, also auf Verbesserungen abzielenden Reformen – die seiner Meinung nach volle Unterstützung verdienen, weil sie auch dann nützlich seien, wenn sie nicht »transformativ« sind – und »realutopischen Transformationen« – von denen er behauptet, dass sie sowohl heute nützlich als auch langfristig transformativ sind. Nun habe ich selbst schon in anderem Kontext meine engsten radikalen Freunde verärgert, indem ich bestritt, dass sich »nicht-

reformistische Reformen« sinnvoll von »reformistischen Reformen« unterscheiden ließen.[1] Kurz gesagt, halte ich es für eine Fehlannahme, dass eine bestimmte Art von Reform ein Patentrezept sein könnte, um das System zu untergraben. Entscheidend ist meiner Überzeugung nach, *wie* wir den Kampf für eine Reform führen, und nicht, *was* für eine Reform es sein soll.

Jede erfolgreiche Reformkampagne wird die schädlichen Auswirkungen des Kapitalismus bis zu einem gewissen Grad lindern. Das muss das Überleben des Kapitalismus nicht verlängern – aber es kann es durchaus, und das sollten Anti-Kapitalist*innen meiner Meinung nach ohne Bedauern zu akzeptieren lernen.[2] Wenn jedoch ein Reformerfolg den Akteuren, die den Status quo herausgefordert haben, weiter Auftrieb gibt, wenn ein solcher Erfolg emanzipatorische Institutionen stärkt und unterdrückerische schwächt, wenn er den Wunsch nach mehr Wirtschaftsdemokratie, mehr ökonomischer Gerechtigkeit und auch nach mehr Umwelt- und Klimaschutz weckt, als der Kapitalismus bieten kann, dann kann eine erfolgreiche Reformkampagne sehr wohl auch zu einem Systemwechsel führen. *Jede* Reform kann auf eine Art und Weise erkämpft werden, die die Chancen auf weitere Fortschritte verringert, und ebenso auf eine Art und Weise, die weitere Fortschritte wahrscheinlicher macht.

3. Erik vergleicht den Versuch, »eine umfangreiche Liste der wichtigsten Institutionen einer Systemalternative [zu] erstellen«, mit dem bescheideneren Ansatz, lediglich »die entscheidenden Werte [...], die der Suche nach Alternativen zugrunde liegen, und die Kernprinzipien für Institutionen auszuarbeiten«, und erklärt, dass er, obwohl »beide Strategien ihren Wert haben«, eher zum zweiten Ansatz neige. Ich möchte hier eine Überlegung hinzufügen, die bei seiner Einschätzung der Vor- und Nachteile beider Ansätze nicht vorkommt:

Der zweite Ansatz birgt das größere Risiko, dass Menschen von Dingen träumen, die eigentlich nicht möglich sind. Wenn die Diskussion auf der Ebene der »Werte« bleibt und Ungenauigkeiten in der Frage erlaubt sind, wie sich Ziele tatsächlich umsetzen lassen, dann fällt es den Leuten eben auch leicht, an Ansichten festzuhalten, die sich selbst widersprechen. Die Beschränkung der Diskussion auf grundlegende Werte kann Menschen beispielsweise zu der Annahme führen, Märkte seien mit ökonomischer Gerechtigkeit und Demokratie vereinbar oder zentrale Planung mit der Selbstverwaltung der Arbeiter. Von Visionär*innen zu verlangen, dass sie genau darlegen, wie ihrer Ansicht nach Entscheidungen getroffen werden sollen, kann ein wichtiges Bollwerk gegen diese Art der Selbsttäuschung sein, wie sie meines Erachtens in der Linken nur allzu verbreitet ist. Es ist auch der einzige mir bekannte Weg, die Leute davon zu überzeugen, dass Antikapitalist*innen dieses Mal wirklich eine bessere Idee haben, wie sich Träume verwirklichen lassen. Denn dass wir das letzte Mal keine hatten, weiß jeder.

Sozialismus und gesellschaftliche Ermächtigung

Auf politische, kulturelle oder verwandtschaftliche Verhältnisse geht Erik nicht ein. Er hat nur Wirtschaftssysteme, nicht ganze Gesellschaftssysteme im Blick, wenn er von drei »Idealtypen« und sieben Konfigurationen gesellschaftlicher Ermächtigung spricht. Als langjähriger Professor für *comparative economic systems* klassifiziere ich Wirtschaftssysteme anders, nämlich basierend darauf, wer Produktionsmittel besitzt, wer Produktionsprozesse verwaltet und wie Arbeitsteilung koordiniert wird. In gebotener Kürze möchte ich trotzdem kurz auf Eriks Ansatz eingehen.

Die meisten realen Volkswirtschaften sind laut Erik Hybride in dem Sinne, dass sie Elemente von mehr als einem Idealtypus enthalten. Unter Verwendung seines Drei-System-Rahmens schlägt er vor:

> »Den Sozialismus durchzusetzen hieße dann, die sozialistische Komponente des Hybrids zu vergrößern und zu vertiefen und die kapitalistischen und etatistischen Komponenten zu schwächen. Diese Art des Nachdenkens über ökonomische Systeme heißt, sich von der simplen binären Gegenüberstellung von Kapitalismus und Sozialismus zu verabschieden.« Ja, manchmal mag das nützlich sein. Aber dieser Ansatz ignoriert, welche heiklen Kompatibilitätsprobleme dabei auftreten können, und setzt stillschweigend auf einen schrittweisen sozialen Wandel.

Die Chávez-Regierung zum Beispiel hat den privaten und den staatlichen Sektor der venezolanischen Wirtschaft jeweils weitgehend so belassen, wie sie waren, und sich stattdessen auf den Aufbau eines neuen Sektors konzentriert. Sie nannte ihn »Sozialwirtschaft«, er bestand aus von Arbeiter*innen geführten Genossenschaften, Nachbarschaftskliniken, Lebensmittelläden, Bildungseinrichtungen (*misiones*), Gemeindeversammlungen und später auch aus Gemeinderäten. In einem solchen Kontext ist Eriks Ansatz absolut sinnvoll: In Venezuela hing der Sozialismus von der Fähigkeit der Gesellschaft ab, die neue Sozialwirtschaft zu erweitern und zu vertiefen und die kapitalistischen und staatlichen Sektoren der alten Wirtschaft zurückzufahren. Aber Eriks Überlegungen helfen uns nicht zu verstehen, warum es unrealistisch ist, von Menschen zu erwarten, sich innerhalb der Sozialwirtschaft sozial verantwortlich zu verhalten, während im kapitalistischen Sektor andere von sozial unverantwortlichem Verhalten profitieren dürfen oder wenn die wertvollsten Ressourcen der Gesellschaft, im Falle Venezuelas das Öl, für den staatlichen Sektor reserviert sind. Der Inkrementalismus, also eine Reformstrategie der kleinen Schritte, hat auch keine Antworten auf Situationen, in denen man entweder eine qualitative Veränderung vornehmen oder eine neue Stabilisierung des alten Status quo in Kauf nehmen muss. Eine rein auf Reformen setzende Strategie geht einfach stillschweigend davon aus, dass sich solche Brücken-Situationen nie ergeben werden.

Um es klarzustellen: In einer Situation wie in den USA, wo ein Wechsel zu einem demokratischen Wirtschaftssystem nicht einmal entfernt genug Rückhalt in der Bevölkerung findet, wo Radikale wie Reformer erst in einer ganzen Reihe von Bereichen viel stärker werden müssten, da bin ich wie Erik ganz unapologetisch ein Reformer und denke, dass revolutionäres Gerede verfrüht ist. Dennoch möchte ich zwei Situationen nennen, in denen inkrementelle Strategien problematisch werden und ich sie nicht unterstützen würde:

1. Verschiedene Wirtschaftssysteme setzen auf unterschiedliche Wege, Menschen zu motivieren. Ein System wie das venezolanische zur Chávez-Zeit hätte sich irgendwann entscheiden müssen, ob Menschen motiviert werden sollen, indem im privaten Sektor ihre Gier entfacht wird und man ihnen im staatlichen Sektor Angst einjagt – oder aber, indem man sie selbst entscheiden lässt, was sie tun wollen, solange es sozial verantwortlich ist, und sie entsprechend ihren Arbeitsanstrengungen belohnt – wie es in dem Sektor der »Sozialwirtschaft« zur Chavez-Ära zumindest versucht wurde. Mit anderen Worten: Sobald eine gesellschaftliche Mehrheit von der Überlegenheit der Sozialwirtschaft überzeugt ist, weil die vorigen Anreizsysteme nicht nur unterschiedlich, sondern widersprüchlich waren, wäre es meiner Meinung nach ein Fehler, das System der Sozialwirtschaft nicht auf die gesamte Wirtschaft auszudehnen, und zwar auf eine nicht-inkrementelle Weise.

2. Diejenigen, die vom Status quo profitieren, können ziemlich aggressiv werden, wenn sie spüren, dass ihnen ihre Privilegien entgleiten. Wenn wir nicht entschlossen handeln, um unser Recht auf einen von der Mehrheit gestützten Fortschritt zu verteidigen, wäre das ein sicherer Weg in die Katastrophe. Wo sich Wirtschaftseliten weigern, den Willen der Mehrheit zu akzeptieren, wird die beste Maßnahme oft sein, ihnen ihre Macht zu nehmen, indem man die Funktionsweise des Wirtschaftssystems gravierend und qualitativ verändert. Besiegte Feinde nicht zu entwaffnen ist eine schlechte militärische Strategie.

Weiter befürchte ich, dass bei Erik die nützlichen Begriffe »Stabilität« und »Instabilität« ins Leere laufen. Er schreibt,

> »der traditionellen marxistischen Ansicht zufolge ist jeder kapitalistische Hybrid, der bedeutende sozialistische Elemente enthält, ausgesprochen instabil. Die einzig stabilen Gleichgewichte seien solche, in denen entweder der Sozialismus oder der Kapitalismus eindeutig dominant ist. [...] Eine andere Position geht davon aus, dass es mehrere relativ stabile Gleichgewichte geben kann, die alle drei Formen in ganz unterschiedlichen Kombinationen verbinden [...]. Mein Ansatz basiert auf dieser zweiten Sichtweise.«

Nun, vor die Wahl gestellt, neige ich eher zur ersten Ansicht. Zu erwarten, dass eine Mischung aus einem Drittel Kapitalismus, einem Drittel Etatismus und einem Drittel Sozialismus genauso stabil sein wird wie eine Mischung aus neun Zehnteln Kapitalismus, einem Zwanzigstel Etatismus und einem Zwanzigstel Sozialismus, scheint mir weit hergeholt. Generell würde ich davon ausgehen, je hybrider ein System ist, desto weniger wahrscheinlich ist es stabil. Natürlich könnte ein stark hybrides System eine ganze Zeit lang auf Messers Schneide bestehen, so wie ein weitgehend reines System transformiert werden könnte. Aber es hat seinen Grund, warum Hybridisierung Instabilität hervorruft und warum entsprechend Inkrementalismus nicht immer funktioniert.

Jedes Wirtschaftssystem ist darauf angewiesen, dass Menschen auf eine bestimmte Weise denken und agieren. Die Art von Menschen, die der Kapitalismus erfordert, die, die wir werden, wenn wir unsere zugewiesenen Rollen in kapitalistischen Institutionen spielen, ist eine andere als die Art von Menschen, die der Sozialismus erfordert und die die Teilnahme an sozialistischen Institutionen tendenziell hervorbringt. Mit anderen Worten: Wenn wir uns dafür entscheiden, bestimmte Institutionen zu nutzen, um unsere wirtschaftlichen Aktivitäten zu organisieren und zu regeln, entscheiden wir in gewissem Maße auch, welche Art von Menschen wir werden wollen. Genau darum sind Hybride im Allgemeinen weniger stabil. Wenn in einem kapitalistisch-sozialistischen Hybrid die kapitalistischen Institutionen die Menschen so formen, dass sie besser mit den Rollen übereinstimmen, die sie spielen müssen, damit der kapitalistische Teil effektiv und reibungslos funktioniert, dann berauben sie den sozialistischen Teil seines Personals für diejenigen Rollen, die er für sein eigenes effektives und reibungsloses Funktionieren benötigte. Anders gesagt, wir Menschen finden es schwierig, zwei verschiedenen Herren zu dienen.

Zum Ende dieses Abschnitts aber noch ein Punkt, an dem Erik und ich übereinstimmen. Erik schreibt, man dürfe das Problem der Transformation nicht so verstehen,

> »als müsse man nur abwarten, bis der Kapitalismus ausreichend geschwächt und die Zeit reif für seinen Sturz sei. Nötig ist vielmehr ein Verständnis dafür, wie Transformationsstrategien kapitalistische Machtverhältnisse langfristig erodieren lassen können und wie sich sozialistische Alternativen aufbauen lassen.«

Dem kann ich nur zustimmen. Theorien, denen zufolge der Kapitalismus aufgrund innerer Widersprüche auf Selbstzerstörung programmiert ist, sind schlecht durchdacht und unwahr – von ihnen Abstand zu nehmen ist äußerst wichtig, wenn wir eine realistische Sicht auf die vor uns liegende Aufgabe gewinnen wollen.[3]

Über Märkte

Punkte der Übereinstimmung

Ich streite mit Erik nicht deshalb über Märkte, weil wir uns uneinig wären, was Gleichheit und Demokratie bedeuten und dass beide Werte durch unkontrollierte Marktprozesse verletzt werden: »Märkte erzeugen zum einen systematisch Ungleichheiten, und zum anderen verstoßen sie gegen demokratische Grundsätze, indem sie den Menschen Tauschhandlungen ohne Rücksicht auf deren soziale Kosten ermöglichen.« Völlig korrekt gibt Erik auch meine Position wieder, dass »in der bestmöglichen Volkswirtschaft – in der demokratische und egalitäre Werte umfassend verwirklicht sind – die Märkte verschwinden und durch eine partizipatorische Planung ersetzt werden« müssten.

Genau darum bezeichne ich mich gegenüber Märkten als »Abolitionist«. Im Gegensatz dazu ist Erik »Agnostiker«: Bei der Nutzung von Märkten sollten seiner Ansicht nach Kompromisse gemacht werden, nicht nur in der Übergangsphase, sondern auch bei der »institutionellen Ausgestaltung der Alternative selbst«.

Selbstverständlich habe ich nie infrage gestellt, dass Märkte während des Übergangs zu einer wünschenswerten wirtschaftlichen Zukunft weiterhin eine Rolle spielen werden – das erscheint mir offensichtlich. Ebenso unstrittig ist für mich, dass wir uns während dieses Übergangs an Kampagnen zur »Zähmung« der Märkte beteiligen sollten. Wenn wir uns also weder über die Ziele noch über die Rolle der Märkte während des Übergangs uneinig sind, warum dann darüber, ob es in einer wirklichen Wirtschaftsdemokratie einen Platz für Märkte gibt? Im Folgenden werde ich darlegen, warum wir bei dieser wünschenswerten – und machbaren – Alternative die Märkte schließlich ganz abschaffen sollten.

Sachliche Einwände gegen Märkte

Effizienz: Dass Märkte Ressourcen ineffizient verteilen, wenn sie nicht im Gleichgewicht sind, wenn sie nicht gleichermaßen wettbewerbsfähig sind oder unter dem Einfluss externer Effekte stehen, ist unter Ökonom*innen wohlbekannt. Liest man den ersten Hauptsatz der Wohlfahrtsökonomik kritisch, sagt er genau das: *Nur wenn* es keine externen Effekte gibt, *nur wenn* alle Märkte wettbewerbsfähig sind und *nur wenn* alle Märkte im Gleichgewicht sind, ist es wahr, dass eine Marktwirtschaft ein paretooptimales Ergebnis liefert. Doch trotz dieser klaren Warnungen bestehen Marktenthusiast*innen darauf, dass Märkte, wenn man sie in Ruhe lässt, im Allgemeinen eine sehr effiziente Ressourcenallokation leisten. Das aber kann nur zutreffen, wenn 1. die fürs Ungleichgewicht sorgenden Kräfte schwach sind, 2. nicht-kompetitive Marktstrukturen unüblich sind und 3. externe Einflüsse eher die Ausnahme als die Regel sind. Es gibt gute theoretische und empirische Gründe, in allen drei Fällen das genaue Gegenteil anzunehmen. Eine zweite Verteidigungslinie besagt, dass freie Märkte zwar von Ineffizienzen geplagt sein mögen, es aber möglich sei, dies durch eine Vielzahl von Maßnahmen zu korrigieren und sie dadurch »einigermaßen« effizient zu machen. Es gibt jedoch gute praktische Gründe, diese Annahme für unrealistisch zu halten.[4]

Gerechtigkeit: Nicht nur verteilen Märkte Einkommen ungerecht an Kapitalbesitzer, die dafür keinerlei Anstrengung aufwenden, auch verteilen Arbeitsmärkte Einkommen ungerecht an Menschen mit unterschiedlichem Humankapital (also unterschiedlichen Fähigkeiten, Kenntnissen, Bildungsabschlüssen etc.). Wenn etwa die letzte geleistete Stunde beim Schweißen einen höheren Ertrag einbringt als die letzte Stunde Bodenfegen, dann werden Arbeitgeber, die auf den Arbeitsmärkten um Schweißer und Kehrer konkurrieren, für Erstere einen höheren Lohn bieten als für Letztere – ob es sich nun um kapitalistische Arbeitgeber handelt, die Unternehmensgewinne maximieren wollen, oder um Unternehmen in Arbeiterhand, die versuchen, die Gewinne pro Mitglied zu steigern.[5] Das bedeutet, dass diejenigen Arbeitskräfte, die über mehr Humankapital verfügen und daher mehr zu Unternehmensleistung und Einnahmen beitragen, höhere Löhne erhalten als die mit weniger Humankapital. Ein Schweißer und ein Kehrer, die unter gleich unangenehmen Umständen gleich hart arbeiten, werden also nicht gleich entlohnt, obwohl sie gleiche »Opfer« bringen. Wer in einer Marktwirtschaft mehr Humankapital mitbringt, wird mehr Lohn erhalten, auch wenn er keine größeren Opfer bringt; wer weniger Humankapital hat, erhält trotz genauso viel oder mehr gebrachten Opfern weniger Lohn.

In einem Marktsystem gibt es keine Möglichkeit, dieses Problem zu beheben, ohne ein hohes Maß an Ineffizienz zu schaffen. Wenn wir in den Arbeitsmarkt eingreifen und Lohnsätze vorschreiben, die wir für fair halten, aber den Märkten die Verteilung der Ressourcen überlassen, werden nicht nur verschiedene Arten von Arbeit ineffizient verteilt. Die gesamte Preisstruktur der Wirtschaft wird die Opportunitätskosten der Produktion verschiedener Güter und Dienstleistungen nicht widerspiegeln, was zu weiteren Ineffizienzen führt. Es gibt keinen Ausweg aus dem Dilemma: In einer Marktwirtschaft müssen wir entweder zulassen, dass das Marktsystem Menschen ungerecht bezahlt, oder wir müssen, wenn wir versuchen, diese Ungerechtigkeiten zu korrigieren, noch größere Ineffizienzen tolerieren.[6]

Die Demokratie: Wenn sonst nichts mehr geht – wenn sich nicht mehr behaupten lässt, dass Märkte zu effizienten oder gerechten Ergebnissen führen –, greifen die Enthusiast*innen auf die Behauptung zurück, dass freie Märkte die ökonomische und politische Demokratie fördern. Aber auch diese Verteidigung hält einer Analyse kaum stand. Sobald wir erkennen, dass wirtschaftliche Freiheit – die Freiheit, mit seiner Person und seinem Eigentum zu tun, was man will – etwas ganz anderes ist als Wirtschaftsdemokratie – nämlich Entscheidungsmacht im Verhältnis zum Grad des Betroffenseins –, löst sich das Argument, dass Märkte ökonomische Demokratie fördern, schnell auf. Märkte entmündigen jene Dritten, die von Entscheidungen betroffen sind, auf die sich Käufer und Verkäufer einigen. In einer marktwirtschaftlichen »Wahl«, welche Güter produziert werden sollen, bekommt eine reiche Person tausendmal mehr Stimmen als eine arme Person. Wer behauptet, bei einem freiwilligen Marktaustausch könne kein Zwang vorliegen, ignoriert, dass Käufer wie Verkäufer oft in der Lage sind, den eigenen Willen dem jeweils anderen aufzuzwingen, der seinerseits möglicherweise nur sehr wenig Alternativen hat. Und schließlich weiß jedes Kind, dass ungleiche wirtschaftliche Macht ungleiche politische Macht hervorbringt. Daher ist Milton Friedmans Behauptung, die von Märkten erzeugte wirtschaftliche Ungleichheit sei eine Tugend, weil jedes politische Anliegen so an die Unterstützung eines wohlhabenden Wohltäters appellieren kann, offenkundig absurd.[7]

Kein Markt, nirgends?

In einem Lied aus einer berühmten Gilbert-&-Sullivan-Oper schwört der Kapitän der *H.M.S. Pinafore,* dass er niemals fluche, wenn er mit seiner Mannschaft spreche. Seine Mannschaft antwortet: »Wie, niemals?«, woraufhin der Kapitän bekräftigt: »Niemals!«; die Mannschaft fragt erneut: »*Niemals?*«, und schließlich antwortet der Kapitän: »... nun, *fast* nie.«

Eriks Meinung nach zeugt es von Starrsinn, Märkten abzusprechen, in einem demokratischen Wirtschaftssystem auch nur *irgendeine* Rolle zu spielen. Weil »notwendigerweise viele Kompromisse zwischen konkurrierenden Werten gefunden werden« müssten, seien Märkte in der einen oder anderen Form auch in einer partizipatorischen Wirtschaft für einige Gestaltungsprobleme bestimmt eine wünschenswerte Lösung. Nun ist eine partizipatorische Wirtschaft aber gerade darauf ausgelegt, die Notwendigkeit von Märkten zu beseitigen. Wenn sich zeigen lässt, dass sie auch hier benötigt werden, müsste daraus folgen, dass sie in jedem System unvermeidbar sind. Die beiden Situationen, in denen Erik Märkte für notwendig hält, sind 1. während der Umsetzung des Plans, um grobe Kategorien zu verfeinern und Anpassungen an unvorhergesehene Umstände vorzunehmen, und 2. beim Austausch von Second-Hand-Waren und Tickets für Unterhaltungsveranstaltungen.

In der ersten Runde unseres Dialogs erläuterte ich, wie sich ein umfassender Plan während der

Umsetzung anpassen lässt und grobe Kategorien verfeinert werden können. Ich wollte damit die Behauptung widerlegen, die praktischen Probleme bei der Umsetzung seien unlösbar und daher jede Art von umfassender Planung unmöglich oder zumindest höchst unvorteilhaft. Bei den von mir skizzierten möglichen Lösungen galt es folgende Fragen zu berücksichtigen: a) inwieweit Produzent*innen oder Konsument*innen die Last der Anpassungen tragen und b) ob Kunden, die ihre Nachfrage nach einem Gut ändern, anders behandelt werden als Kunden, die dies unterließen. Weiter wies ich darauf hin, dass Anpassungen von Angebot und Nachfrage mit oder ohne Anpassung des geplanten »Richtpreises« erfolgen können, der verwendet wird, um den Produzent*innen Kredit zu gewähren und die Käufer*innen zu belasten – was wiederum unterschiedliche Auswirkungen darauf hat, wer die Last der Anpassungen trägt. Stimmt es also, dass es in einer partizipatorischen Wirtschaft so etwas wie Märkte *niemals* gibt?

Die einfache Antwort wäre, mich dem Kapitän der *Pinafore* anzuschließen und zu deklamieren: »... nun, *fast* nie«. Und wenn jemand daraus unbedingt folgern möchte, dass es in einer partizipatorischen Wirtschaft eben doch irgendeine wünschenswerte Rolle für Märkte geben kann, sei's drum. Wie ich jedoch dargelegt habe, besteht in einer solchen Wirtschaft der Zweck von Preisanpassungen eben darin, die Lasten von Anpassungen an den Plan gerechter zu verteilen.

Der Austausch von Gebrauchtwaren und Tickets für Unterhaltungsveranstaltungen wiederum hat nichts damit zu tun, welche Waren produziert, welche Veranstaltungen geplant oder wie viele Sitzplätze unterschiedlicher Qualität es geben soll. Diese Tauschvorgänge haben nichts mit den Entscheidungen zu tun, mit denen sich die Planung befasst. Erik hat jedoch recht, dass die Menschen, solange es keine ebenso praktischen Alternativen gibt, gebrauchte Waren und Tickets so tauschen wollen werden, wie es viele heute über eBay tun. Nun, wenn die Zeit kommt und die Leute auch in einer partizipatorischen Wirtschaft so etwas Ähnliches wie eBay haben wollen, dann werde ich nicht so starrsinnig sein, etwas dagegen zu haben.

Und doch, selbst in diesem sehr eng abgesteckten Kontext, der nichts damit zu tun hat, was produziert wird, wie es produziert wird oder wie das gerade Produzierte verteilt wird, scheint es mir lohnend, nicht-marktwirtschaftliche Alternativen in Betracht zu ziehen oder eine mögliche eBay-»Lösung«

zumindest zu überwachen, um Ungerechtigkeiten zu verhindern und die Leute von unsozialem Verhalten abzubringen. Ein Vorschlag wäre etwa, Menschen dafür zu belohnen, dass sie gebrauchte Waren an Verteilungszentren zurückgeben, wo die Umverteilung dann durch normale partizipatorische ökonomische Verfahren abgewickelt werden kann. Eine andere Möglichkeit wäre eine Art eBay für Genossenschaften.

Sozialistische Einwände gegen Märkte

Die genannten sachlichen Einwände gegen Märkte allein reichen jedoch noch nicht aus. Erik war sich bereits über die Argumente von mir und anderen im Klaren, dass Märkte ineffizient, ungerecht und antidemokratisch seien, als er schrieb, dass er Markttransaktionen als solche nicht für unerwünscht halte, lediglich die negativen Begleiterscheinungen: zu viel Macht für einzelne Akteure, zerstörerische externe Effekte, Schäden für Menschen. »Aber wenn sich diese Probleme minimieren lassen, dann ist die bloße Tatsache, dass sich Käufer und Verkäufer von Waren und Dienstleistungen darauf einigen, Dinge zu einem gegenseitig vereinbarten Preis auszutauschen, an und für sich nicht verwerflich.« Das Problem mit dieser Einstellung – gegen die die sachliche Argumentation gegen Märkte nichts ausrichten kann – ist, dass sie nicht ausreichend angstbesetzt ist.

Diese Haltung geht nämlich fälschlicherweise davon aus, dass nur die möglichen negativen Folgen von Märkten ein Problem wären, die daher mit geeigneten Mitteln angegangen werden sollten. Doch jenseits dessen gibt es ein grundlegenderes Problem. In der ersten Runde unseres Dialogs habe ich meine Besorgnis auf eine sehr einfache Art und Weise zum Ausdruck gebracht:

> »Wenn eine Arbeitsteilung durch Märkte koordiniert wird, werden diejenigen, die andere übervorteilen, häufig belohnt, während diejenigen, die sich sozial verantwortlich verhalten, dafür oftmals bestraft werden. Aus diesem Grund wirken Märkte wie bösartige Wucherungen, die die Bemühungen um den Aufbau und die Vertiefung partizipatorischer und gleichberechtigter Zusammenarbeit untergraben.«

Bei jeder Markttransaktion versucht der Verkäufer, gegenüber dem Käufer einen Vorteil herauszuschlagen, der Käufer einen Vorteil gegenüber dem Verkäufer. Während Ökonom*innen beim Wort »Markt« unwillkürlich das Schlagwort »gegenseitiger Nutzen« in den Sinn kommt, dürften

Durchschnittsbürger*innen eher an das Wort »feilschen« denken. Das Problem ist nicht, dass das eine richtig wäre und das andere falsch. Das Problem ist, dass *beides* stimmt. Hinzu kommt, dass Käufer wie Verkäufer bei jeder Markttransaktion jeden guten Grund haben, die Interessen aller anderen, die von ihrer Entscheidung betroffen sein könnten, zu ignorieren. Das ist nicht nur undemokratisch und ineffizient. Abermals berücksichtigen Marktbeziehungen hier nicht nur keinerlei Interessen von Dritten, sie bestrafen sogar systematisch jeden, der versucht, solidarisch zu handeln. Mit anderen Worten: Märkte »funktionieren«, indem sie Gier und Angst stimulieren und das Vertrauen und die Solidarität untergraben, die für den Aufbau einer gerechten Wirtschaft nötig wären. Kurz, Märkte sind ein Krebsgeschwür für das sozialistische Projekt.

Ich verwende dieses Wort nicht, um starke negative Gefühle hervorzurufen. Mein Punkt ist, dass Krebs als eine kleine, bösartige Wucherung beginnt, eine zelluläre Fehlfunktion, die sich ausbreitet, bis sie einen ganzen Organismus zerstört. Und mit eben diesem Bild möchte ich vermitteln, warum wir davor zurückschrecken sollten, den Märkten in einer wirklich wünschenswerten Wirtschaft weiterhin eine Rolle zuzugestehen. Warum wir nach anderen

Wegen suchen sollten, um auf Situationen zu reagieren, die Märkte verlockend erscheinen lassen. Wie Erik schon sagte, werden sich Menschen spontan zu Marktverhalten hinreißen lassen, und die Nutzung von Märkten für bestimmte Zwecke wird selbst in einer Wirtschaft mit einem umfassenden Produktionsplan oft als eine praktische Lösung erscheinen. Es ist also nur zu verständlich, warum eine Abwehrhaltung gegen auch nur einen »kleinen Hauch von Markt« manchem übereifrig und unflexibel erscheinen mag. Das wäre es in der Tat, wenn eine Prise Markt wie eine Prise Salz wäre. Ist eine Prise Markt aber wie eine »Prise Krebs«, die sich ausbreiten kann, um das sozialistische Projekt zu untergraben, hat das Problem eine ganz andere Dimension.

Was also ist eine realistische Haltung gegenüber Märkten? Gibt es gute Gründe, sie zu fürchten? Auf sachlicher Ebene lässt sich jedes positive Argument für Märkte widerlegen, außer dass Menschen sie oft praktisch und bequem finden mögen, und das bestreite ich nicht. Aber Argumente auf dieser Ebene vermitteln nicht das, was ich für ein völlig angebrachtes Gefühl für die Gefährlichkeit von Märkten halte. Wenn man zudem anerkennt, dass es Maßnahmen zur Schadensbegrenzung gibt – was ich ebenfalls nicht bestreite –, so kann leicht der Eindruck entstehen, in einer unweigerlich unvollkommenen Welt seien ein paar Märkte wohl kaum ein Problem.

Nicht die Sache an sich also, nur die negativen Folgen sind schlimm? Niemand würde das über Krebs sagen. Die Ungerechtigkeiten, externen Effekte und Marktungleichgewichte lassen sich doch, wenn auch unvollkommen, korrigieren? Niemand würde sagen, ein bisschen Krebs kann nicht schaden, weil es ja schließlich Chemotherapie gibt. In einer »optimalen« Wirtschaft muss es eine Rolle für Märkte wie für Planung geben, denn schließlich hat beides seine Stärken und Schwächen? Niemand würde sagen, es gehört zu einem optimalen Leben, sich dem Krebs auszusetzen.

Auch wenn hier nicht der Raum ist, auf Einzelheiten einzugehen, glaube ich, dass es überwältigende historische Belege für meine Befürchtungen gibt. Trotz starker Maßnahmen zur Beibehaltung von Arbeiterselbstverwaltung und öffentlichem Eigentum kam es beispielsweise in Jugoslawien, als 1951 die Planung durch den Markt ersetzt wurde, zu steigendem unsozialem Verhalten und wachsender Ungleichheit. Marktreformen, die öffentliches Eigentum beibehielten, aber der Arbeiterschaft keine Selbstverwaltung gewährten, hatten in der

Sowjetunion, in mehreren Staaten Osteuropas, in China und Vietnam ganz ähnliche Effekte. Und vor welchem Dilemma Genossenschaften in Arbeiterhand stehen, wenn sie, dem Wettbewerb des Marktes ausgesetzt, kommerzielle und genossenschaftliche Ziele vereinbaren wollen, ist gut dokumentiert.

Realutopien und Transformation

Trotz unterschiedlicher Wortwahl denken Erik und ich sehr ähnlich über das, was er »soziale Transformation« nennt und ich »Übergangsstrategie«. Erik kontrastiert »rupturale« und »symbiotische« Strategien – ich stelle »Systemveränderung« gegen »Reform« und spreche davon, wie Radikale und Reformer lernen können, produktiver zusammenzuarbeiten. Erik spricht von »interstitiellen« Strategien, ich von »unvollkommenen Experimenten in fairer Kooperation« oder »präfigurativer« Organisierung. Dennoch, wir sprechen über dieselben Dinge, machen dieselben Unterscheidungen und kommen größtenteils zu denselben Schlussfolgerungen. Da ich mit Eriks historischer Bilanz der Schwächen jeder Strategie übereinstimme, werde ich mich darauf konzentrieren, tiefer zu ergründen, *warum* jede Strategie historisch gescheitert ist.

Erik schreibt, rupturale Strategien hätten in der Praxis bislang eher zu autoritärem Etatismus als zu einem demokratischen Sozialismus geführt. Stimmt, aber die wichtige Frage ist: Warum? Viele kommen zu dem Schluss, dass ein »rupturaler« oder umfassender Systemwandel unvereinbar ist mit Veränderungen, die zutiefst demokratisch und egalitär sind. Meiner Ansicht nach entsteht eher dann ein Problem, wenn im Vorlauf eines rupturalen Systemwandels nicht genug Menschen für Reformen kämpfen und nicht bereits im experimentellen Rahmen Institutionen geschaffen werden, die jenes zutiefst demokratische und egalitäre Verhalten vorwegnehmen. Ich halte rupturale Strategien dann für aussichtsreicher, wenn Bewegungen, die sich für demokratische Gesellschaften engagieren, sich richtig darauf vorbereiten – und glaube ebenso, dass sie eine notwendige Rolle bei der Erreichung des wünschenswerten »Systemwechsels« spielen werden, wie unten erklärt.

Was die interstitiellen Strategien angeht, schreibt Erik, sie »mögen das Leben vieler Menschen verbessert und auf mehr Feldern demokratische, egalitäre Praxen hervorgebracht haben, aber nirgends ist es ihnen gelungen, die kapitalistischen Machtverhältnisse nennenswert zu untergraben«. Auch das stimmt, und auch hier ist die wichtige Frage: Warum? Weil, so vermute ich, die ausschließliche Konzentration auf den Aufbau präfigurativer Institutionen zwei vorhersehbare Fallstricke aufweist: Zuallererst schottet sich solch eine ausschließliche Konzentration auf den Aufbau von Alternativen zum Kapitalismus zu sehr ab. Solange der nichtkapitalistische Sektor nicht groß ist, wird der Lebensunterhalt der meisten Leute davon abhängen, Reformen im kapitalistischen Sektor durchzusetzen, und deshalb werden sich die meisten dort engagieren. Aber sich ausschließlich auf Experimente in fairer Kooperation zu konzentrieren, das wird auch deshalb nicht funktionieren, weil die Regeln des Kapitalismus alternative Institutionen im Vergleich zu konkurrierenden kapitalistischen Firmen benachteiligen und weil die Marktkräfte nicht-kapitalistische Institutionen dazu treiben, kooperative Prinzipien aufzugeben. Anders als in den befreiten Gebieten in Ländern des Globalen Südens, die im letzten Jahrhundert für den Sturz des Imperialismus gekämpft haben, werden wir in den fortgeschrittenen Volkswirtschaften unsere Experimente für eine faire Kooperation innerhalb des kapitalistischen Systems aufbauen müssen. Unsere Experimente werden also immer voll dem Wettbewerbsdruck und der Kultur des Kapitalismus ausgesetzt sein. Unter diesen Bedingungen kooperative Prinzipien in alternativen Experimenten aufrechtzuerhalten, das erfordert ein hohes Maß an politischem Engagement. Von Aktivist*innen, die sich dem Aufbau einer »neuen Welt« verschrieben haben, kann man das zwar vernünftigerweise erwarten – nicht aber von allen Menschen.

Die symbiotischen Strategien schließlich haben laut Erik lediglich den Kapitalismus etwas humaner gemacht, aber die zentrale Macht des Kapitals stets intakt gelassen – dieses wiederum habe jede Bedrohung seiner Macht massiv bekämpft. Er nennt die Reaktion der schwedischen Kapitalisten auf Vorschläge zur Machtbeteiligung der Gewerkschaften in den späten 1970er als ein Beispiel.

In meiner eigenen Kritik an der schwedischen Sozialdemokratie[8] betrachte ich deren Versäumnis, den Meidner-Plan[9] und den Lohnempfängerfonds Mitte der 1970er Jahre durchzusetzen, als die progressiven Kräfte die Kapitalisten wohl so weit hatten, die Flucht zu ergreifen, als einen entscheidenden Fehler. Sie hätten die Kapitalisten entwaffnen müssen durch die Übernahme der Macht über Arbeitsplätze und Investitionen. Hätten die schwedischen Sozialdemokraten 1975 ein politisches Kräftemessen mit den Kapitalisten gewinnen können? Wir werden es nie erfahren, weil sie es nicht versucht haben. Was wir aber wissen: Der Rollback der sozialdemokratischen Reformen, die zuvor Jahrzehnte brauchten, um durchgesetzt zu werden, begann bald danach, und der Neoliberalismus gewann in Schweden immer mehr an Einfluss. Darüber hinaus weise ich auf das hin, was Michael Harrington den »großen sozialdemokratischen Kompromiss« genannt hat, nämlich sich mit einer Situation abzufinden, in der die Sozialdemokraten den Kapitalismus zwar regulieren und besteuern, ihn aber nicht grundlegend infrage stellen. Vermutlich allerdings vermochte nicht einmal Harrington die vollen Konsequenzen dieses Kompromisses einzuschätzen. Es ist eine Sache zu sagen: Wir sind der Demokratie über alles verpflichtet. Deshalb versprechen wir, dass wir, solange die Bevölkerungsmehrheit den Kapitalismus nicht ablösen will, es auch nicht versuchen. Es ist eine ganz andere Sache zu sagen: Trotz aller Bemühungen ist es uns nicht gelungen, die Bevölkerungsmehrheit davon zu überzeugen, dass der Kapitalismus grundsätzlich unvereinbar ist mit wirtschaftlicher Gerechtigkeit und Demokratie und ökologischer Nachhaltigkeit. Deshalb werden wir die Legitimität des kapitalistischen Systems nicht länger infrage stellen und unsere Bemühungen darauf beschränken, es zu reformieren. Die erste Position ist meiner Meinung nach eine, an der eine Bewegung für faire Kooperation in Zukunft festhalten muss. Während uns die Geschichte lehrt, dass wir die zweite Position ablehnen müssen.

In jedem Fall können Reformen allein keine faire Kooperation erreichen. Solange die Institutionen des Privatunternehmertums und der Märkte bestehen bleiben, solange sie antisoziales, auf Gier und Angst basierendes Verhalten weiter fördern, wird der Fortschritt in Richtung einer fairen Kooperation begrenzt und die Gefahr eines Rückschritts immer präsent sein. Auch untergraben Reformkampagnen das Engagement ihrer Führungsfiguren für wirtschaftliche Gerechtigkeit und Demokratie auf verschiedene Weise. Sie tragen wenig dazu bei, faire Kooperation als grundsätzliche Möglichkeit zu zeigen oder neue Normen und Erwartungen zu etablieren.

Ich stimme mit Eriks Schlussfolgerung überein, was die beste Strategie für den Moment zu sein scheint, zumindest in den Vereinigten Staaten. Ich habe es an anderer Stelle schon ausführlich erörtert: 1. Der wünschenswerte Systemwandel – eine »rupturale Transformation« – wird in den USA nicht kommen, bis wir unsere Kräfte durch viel erfolgreichere Reformen und präfiguratives Organisieren gestärkt haben. 2. Reform und präfigurative Organisierung übernehmen jeweils eine entscheidende Rolle, die die andere Seite nicht übernehmen kann. 3. Jede dieser Organisierungsarten hilft, den vorhersehbaren Fallstricken der jeweils anderen, würde diese allein verfolgt, entgegenzuwirken.[10]

Auch Eriks These, dass symbiotisches und interstitielles Organisieren sich gegenseitig ergänzen und in das hybride ›kapitalistische Ökosystem‹ eine Schneise für den Sozialismus schlagen, stimme ich zu – Reformkampagnen wirken der Tendenz präfigurativer Projekte entgegen, sich selbst zu isolieren, die Ausweitung von Experimenten in fairer Kooperation wiederum kann Aktivist*innen, die für einen Systemwandel kämpfen, dabei helfen, »den Glauben zu bewahren«. Skeptiker bekommen konkret gezeigt, dass faire Kooperation funktioniert, und wir können anhand der Experimente entdecken, wie wir effektiver kooperieren können.

Erik ist bewusst, dass die Eliten eine Konfrontation erzwingen können und dass rupturale Strategien daher ein Teil jedes vorstellbaren Verlaufs einer nachhaltigen gesellschaftlichen Ermächtigung sein werden. Wie ich bereits schrieb: Wir sollten nicht überrascht sein, wenn Eliten sich weigern, sich an die Mehrheitsmeinung zu halten, sollten Reformen und präfiguratives Organisieren ihre Privilegien und ihre Macht bedrohen. Und wir sollten dann nicht zögern, sie zu entwaffnen, gerade um mit Programmen fortfahren zu können, die von der Mehrheit unterstützt werden. Enttäuscht bin ich jedoch von Eriks Formulierung, wie wir uns in solchen Situationen verhalten sollten: »Der Zweck solcher Konfrontationen ist jedoch nicht ein systemischer Bruch mit der kapitalistischen Dominanz, sondern mehr Raum zu schaffen für das Zusammenspiel von interstitiellen und symbiotischen Strategien.« Irgendwann muss dieses »Schaffen von mehr Raum für das Zusammenspiel« eben einem »systemischen Bruch mit der kapitalistischen Dominanz« weichen, was bedeutet, dass die institutionelle Grundlage für die Dominanz des privatwirtschaftlichen Marktsystems abgeschafft werden muss. Wenn der entscheidende Moment kommt, besiegt man den Feind entweder und entwaffnet ihn, um einen erneuten Kriegsausbruch zu verhindern – oder man versäumt es. In solchen Momenten der Konfrontation ist es meiner Vermutung nach leider allzu wahrscheinlich, dass diejenigen, die symbiotische und interstitielle Strategien vorziehen, denselben Fehler begehen wie die schwedischen Sozialdemokraten 1975. Wo aber die, die zögern, verloren sind, werden Führungsfiguren mit mehr »rupturalen Neigungen« gesellschaftlich umso nützlicher. Warum sollten wir, wenn wir die Chance haben, zögern, den Pflock ins Herz des Vampirs zu stoßen?

Schlussbemerkung

Erik schreibt in seinem Fazit, die verschiedenen Formen der Ermächtigung erhöhten allesamt die gesellschaftliche Macht, zeigten aber nicht in Richtung eines integrierten, umfassenden Systems, das von einem einzigen institutionellen Gestaltungsprinzip angetrieben werde, so wie ich es mit der partizipatorischen Ökonomie vorschlüge. Inzwischen ist hoffentlich klar, dass ich in der Übergangsphase einen institutionellen Pluralismus, der auch Märkte noch einschließt, nicht nur für eine praktische Notwendigkeit halte, sondern auch als wertvolle Möglichkeit schätze, verschiedene Ideen zum bestmöglichen Organisieren ökonomischer Aktivitäten zu testen. Aber wer einen institutionellen Pluralismus auch *als Ziel* annimmt, der versäumt es meiner Meinung nach, die nötigen Schlussfolgerungen aus den eigenen Annahmen zu ziehen.

In der heutigen Welt muss die »Vision« eines alternativen Wirtschaftssystems drei Ziele erreichen: 1. Sie muss den Menschen die Augen öffnen für die Möglichkeit einer viel wünschenswerteren Art und Weise, unsere Wirtschaftsaktivitäten zu organisieren. Mit anderen Worten: Sie muss inspirierend sein. 2. Sie muss begründete Zweifel darüber ausräumen, ob sie überhaupt realisierbar ist und nicht nur ein aus Enttäuschung entstandenes Hirngespinst – ähnlich dem Konzept des Himmels. Dazu muss sie Fragen beantworten können, wie sie jedes Wirtschaftssystem beantworten muss, und zeigen können, wie sich Probleme – die unweigerlich auftreten werden – angehen lassen. Mit anderen Worten: Sie muss die Menschen überzeugen, dass sie für alle machbar ist, die *sowohl* die eigenen Interessen *als auch* die anderer im Blick haben. Und 3. muss sie verbreiteten Missverständnissen darüber begegnen, was mit diesen Zielen vereinbar ist und was nicht. Mit anderen Worten: Sie muss helfen zu klären, was das Streben nach ökonomischer Gerechtigkeit, Wirtschaftsdemokratie, ökologischer Nachhaltigkeit den Menschen abverlangt.

Auch wenn Erik das Modell einer partizipatorischen Ökonomie nicht mehr als strategisches Übergangsprogramm missversteht, unterschätzt er meiner

Vermutung nach noch immer, wie nützlich die genaue Ausarbeitung zukünftiger Wirtschaftssysteme sein kann. So schließe ich meinen Beitrag zu unserem Dialog mit einer Erinnerung, welche Reaktionen das Modell einer partizipatorischen Ökonomie in den letzten zwei Jahrzehnten hervorgerufen hat (was indirekt den Wert und die Grenzen dieser Art von intellektueller Übung bezeugt).

Mit mancher Kritik, die an diesem Modell geübt wurde, hatte ich durchaus gerechnet: etwa an der Idee der Vergütung nach Arbeitsaufwand oder an der Einrichtung von Arbeitsplätzen mit gleichwertigen Mitwirkungsmöglichkeiten – und nicht zuletzt daran, solche Entscheidungen Arbeiterräten zu überlassen. Allerdings gibt es ja nach weitläufiger Meinung für eine moderne Wirtschaft neben einem Marktsystem oder aber einer autoritären Planung grundsätzlich keine weitere Alternative – und so hatte ich Zweifel an unserer Behauptung erwartet, ein effizienter, umfassender Wirtschaftsplan lasse sich mit unseren Vorschlägen auf höchst demokratische Weise erreichen. Aber tatsächlich haben wenige unsere Annahme infrage gestellt, dass das partizipatorische Planungsverfahren die These der Alternativlosigkeit von Märkten und autoritärer Planung widerlegt. Und das hat mich offen gesagt überrascht.

Ursprünglich dachte ich, der größte Stolperstein sei, dass viele, die vom Marktsystem enttäuscht waren, zugleich nicht mehr an einen gangbaren Weg zu einer umfassenden Wirtschaftsplanung glaubten, die nicht autoritär und/oder ineffizient wäre. Ich hatte also erwartet, dass Kritiker*innen unseren Anspruch, dieses Problem gelöst zu haben, infrage stellen würden. Die Kritiker*innen haben jedoch größtenteils nicht behauptet, dass unser Verfahren keinen praktikablen Plan hervorbringt, dass der erarbeitete Plan ineffizient oder auch dass er unökologisch sei. Abgesehen von ein paar Anarchist*innen, die darauf bestanden, dass der Iterations-Unterstützungsausschuss [*Iteration Facilitation Board*, IFB] – der in Wirklichkeit keinerlei Ermessensspielraum hat – nur ein autoritäres zentrales Planungsbüro in Verkleidung sei, haben die Kritiker*innen nicht bestritten, dass unser Verfahren durch und durch demokratisch ist oder dass es den Arbeiter- und Verbraucherräten mehr Autonomie gewährt, als es die meisten erträumten demokratischen Planungen jemals könnten.

Die meisten Kritikpunkte haben nichts damit zu tun, auf welche Weise sich nach unseren Vorschlägen ein umfassender Plan erstellen lässt. Ob bewusst oder nicht, die meisten Kritiker*innen stellen die

Wünschbarkeit *jedes* umfassenden Wirtschaftsplans infrage, unabhängig davon, wie er zustande kommt oder welche wünschenswerten Eigenschaften er haben mag. Die meisten Kritiken kommen auf Probleme zu sprechen, die während der konkreten Umsetzung eines Plans entstehen. Es wird gefragt, wie weitgefasste Kategorien in einem umfassenden Plan, beispielsweise Schuhe, in detaillierte Artikel umgewandelt werden sollen, etwa lederfreie, lilafarbene High Heels mit gelber Spitze in Größe 37. Einige, wie Seth Ackerman (im *Jacobin*-Magazin), gehen davon aus, dass es keine Antwort auf diese Frage gibt, und tun jede umfassende Planung als unmöglich ab. Andere, wie Erik, halten dieses Problem nicht für unüberwindbar, behaupten aber, dass Märkte bei der Lösung als hilfreich erachtet würden. Manche Kritiker fragen, was passieren wird, wenn unvorhergesehene Umstände eintreten und der Plan angepasst werden muss. Wiederum andere argumentieren, dass sich Marktsysteme weitaus besser als Planwirtschaften an unvorhergesehene Ereignisse anpassen und allein aus diesem Grund bevorzugt werden sollten. Aber all das hat nichts damit zu tun, wie man überhaupt zu einem umfassenden Wirtschaftsplan kommt – was das Problem war, um das es ursprünglich ging.

Ein Teil von mir mag gerne glauben, dass ich den Kampfeinsatz, für den ich mich freiwillig gemeldet habe, gewonnen habe und mich nun eigentlich zur Ruhe setzen könnte – natürlich in allen Ehren. Bestimmt gibt es noch andere Freiwillige, die bereit sind, Fragen zu praktischen Problemen bei der Umsetzung eines umfassenden Wirtschaftsplans zu beantworten. Wir haben gezeigt, dass sich ein solcher umfassender Plan auf eine Weise erstellen lässt, die nicht autoritär, sondern völlig demokratisch ist. Wir haben gezeigt, dass der erarbeitete Plan die Ressourcen effizient nutzt, dass das Verfahren glaubwürdige Schätzungen der entstehenden Umweltschäden ermöglicht und die Verursacher entsprechend belastet. Wir haben gezeigt, dass das Verfahren ebenso glaubwürdige Schätzungen der sozialen Kosten und Nutzen generiert, die es den Arbeiter- und Verbraucherräten erlauben, sich selbst ohne viel Aufhebens zu kontrollieren. Und wir haben gezeigt, wie sich all das umsetzen lässt, ohne Delegierte in Planungsmeetings schicken zu müssen, die unproduktive Albträume wären. Ist das nicht genug? Wenn nicht, wer hat dann die Ziellinie verschoben?

Wenn ich auf die Kritik an unserem Planungsvorschlag in den letzten zwanzig Jahren zurückschaue, dann wird mir klar, dass es immer zwei Fragen waren, die gestellt wurden: 1. Gibt es ein wünschenswertes Verfahren, zu einem umfassenden Plan zu kommen? 2. Ist ein umfassender Plan für eine Volkswirtschaft wünschenswert? Die erste Frage ist die, die wir vor vielen Jahren beantworten wollten. Aber wenn die Antwort auf die zweite Frage Nein lautet, ist die Antwort auf die erste hinfällig. Es gibt keinen Grund, nach einem wünschenswerten Verfahren zu suchen, wenn wir ohnehin keinen Gesamtplan verwenden wollen. Andererseits: Wenn die Antwort auf die erste Frage Nein lautet, gibt es keinen Grund, die zweite auch nur zu betrachten. Denn autoritäre Planung haben wir bereits abgelehnt.

Das partizipatorische Planungsverfahren hat sich meiner Ansicht nach mittlerweile als zufriedenstellende Antwort auf die erste Frage bewährt. Ja, wir können einen attraktiven Gesamtplan mit einem geeigneten Verfahren generieren. Deshalb vermute ich, dass Kritik an partizipatorischer Planung sich heute entweder gegen ein Planungsverfahren richtet, das nicht das unsere ist, oder aber Gesamtplanung in jeder Form ablehnt: sich also gegen alle umfassenden Pläne gleichermaßen richtet. Solange die Menschen glaubten, die Antwort auf die erste

Frage sei Nein, brauchten sie über die zweite Frage nicht nachzudenken. Andererseits würden Menschen nicht nach der Umsetzbarkeit umfassender Pläne fragen, zögen sie nicht die Möglichkeit in Betracht, ein wünschenswerter umfassender Plan lasse sich durch einen ebenfalls wünschenswerten Prozess erreichen.

Während ich also erwartet hatte, die Vorzüge des partizipatorischen Planungsverfahrens gegenüber alternativen Wegen zur Erstellung eines Plans verteidigen zu müssen, musste ich stattdessen häufiger die Planung als solche als Alternative zu einem Marktsystem in Schutz nehmen. In diesem Dialog und an anderer Stelle habe ich versucht, die Fragen zu beantworten, wie umfassende Pläne umgesetzt und angepasst werden können. Doch eigentlich scheint mir das eine merkwürdige Übung: Haben im 20. Jahrhundert doch eine ganze Reihe großer Volkswirtschaften über viele Jahrzehnte hinweg erfolgreich umfassende Wirtschaftspläne umgesetzt. Aber das Gedächtnis ist kurz, die Verwirrung groß darüber, was in den zentralen Planwirtschaften schiefgelaufen ist und was nicht, und die meisten, die solche Fragen stellen, haben selbst nie in einem anderen System als einer Marktwirtschaft gelebt und haben daher verständlicherweise wenig Ahnung davon, wie ein nicht-marktwirtschaftliches System funktioniert. Aber ich sollte klar sagen: Ich behandle solche Fragen als praktische Probleme, für die wir lediglich *hinreichende* Antworten finden müssen. Denn vorausgesetzt, es gibt solche Antworten, müssen wir eine umfassende Planung – die wir aus guten Gründen bevorzugen, sofern sie demokratisch und effizient durchgeführt werden kann – nicht zugunsten eines marktwirtschaftlichen Systems aufgeben, das wir aus guten Gründe ablehnen. Mit anderen Worten: Die Lösungen für Umsetzungs- und Anpassungsprobleme müssen meiner Ansicht nach nicht perfekt sein, sondern nur angemessen. Und wenn es mehrere Möglichkeiten zur Umsetzung und Anpassung von Plänen gibt, sollte nicht nur ihre jeweilige Zweckdienlichkeit geprüft werden, sondern auch, inwiefern sie Gefahr laufen, unsoziales Verhalten zu fördern.

Anmerkungen

1 Siehe Robin Hahnel: »The Myth of Non-reformist Reforms«. In: Ders.: Economic Justice and Democracy: From Competition to Cooperation. New York 2005, S. 154–156. Um es geradeheraus zu sagen: Ich halte die Idee der »nicht-reformistischen Reformen« für intellektuell anspruchslos, aber offenbar ist sie für manche Radikale eine nützliche psychologische Stütze. Allzu oft

fällt es denjenigen, die eine Systemveränderung wollen, schwer, sich mit ganzem Herzen an Reformkampagnen zu beteiligen, obwohl sie es sollten. Sobald Radikale sich jedoch selbst davon überzeugen, dass es sich um eine »nicht-reformistische Reform« handelt, haben sie damit weniger Probleme. Offenbar müssen sie, wie die meisten Menschen, manchmal auf notwendige Illusionen zurückgreifen, um sich zu motivieren, das zu tun, was sie tun sollten. Daher möchte ich meinen radikalen Genoss*innen gerne zurufen: Wenn es euch hilft, eine Reform als »nicht-reformistisch« zu bezeichnen, um von der Seitenlinie wegzukommen und mit ganzem Herzen mitzumachen, nur zu!

2 Diejenigen, die törichterweise für eine Verschlechterung der Bedingungen eintreten im Glauben, das treibe die Menschen schneller zur Revolution, sind Paradebeispiele für Radikale, die diese wichtige Lektion nicht gelernt haben. Wer dem Kapitalismus zum Opfer fällt, wird schnell jeden verachten, der diese Haltung an den Tag legt, und das mit vollem Recht.

3 Nebenbei bemerkt: Zwischen der Ansicht, der Kapitalismus sei durch innere Widersprüche dem Untergang geweiht – die Erik und ich beide ablehnen – und dem Begriff der »nicht-reformistischen Reformen« gibt es, so scheint mir, eine bisher unbemerkt gebliebene Verbindung. Abgesehen von der entscheidenden Frage, wie Reformen erkämpft werden, gibt es, sofern alle Reformen zu besseren Ergebnissen führen, nur zwei Möglichkeiten, wie eine Reform selbst »nicht-reformistisch« sein könnte. Entweder sie »verschärft« irgendeinen inneren Widerspruch und unterminiert dadurch das System, oder sie »präfiguriert« eine Lösung, die Teil eines postkapitalistischen Systems ist. Jeder, der aus dem ersten Grund an nicht-reformistische

Reformen glaubt, läuft meiner Überzeugung nach einem Mythos hinterher. Dagegen scheint mir die zweite strategische Idee äußerst sinnvoll zu sein. Warum es wichtig ist, in der realen Welt Beispiele für »unvollkommenes Experimenten in gerechter Zusammenarbeit« zu schaffen – was andere häufig als »präfiguratives« Organisieren bezeichnen –, werde ich zusammen mit der Frage, wie sich Reformen organisieren lassen, weiter unten diskutieren. Erik und ich sind uns vermutlich in diesem Punkt einig, und wenn er zwischen »ameliorativen Reformen« und »realen utopischen Transformationen« unterscheidet, meint er das, was ich »Organisieren von Reformen« nenne, im Unterschied zum Aufbau realer »Experimente in gerechter Zusammenarbeit«.

4 Zur Frage der Effizienz empfehle ich interessierten Leser*innen: Robin Hahnel: »The Case Against Markets«. In: Journal of Economic Issues, 41, 4, Dezember 2007, S. 1139–1159.

5 Genossenschaften in Arbeitnehmer*innenbesitz mögen durchaus andere Ziele haben als die Maximierung des Gewinns pro Mitglied, aber solange dies *eines* ihrer Anliegen ist, gilt das Argument.

6 Ausführlicher zum Eigenkapital siehe: Robin Hahnel: »Against the Market Economy«. In: Monthly Review, 59, 8, Januar 2008.

7 Ausführlicher zur Demokratie siehe: Robin Hahnel: »Why the Market Subverts Democracy«. In: American Behavioral Scientist, 52, 7, März 2009, S. 1006–1022.

8 Siehe Robin Hahnel: Economic Justice and Democracy, a.a.O. (Kapitel fünf, »Social Democracy: Losing the Faith«).

9 Der »Meidner-Plan« für Lohnempfängerfonds, benannt nach dem schwedischen Ökonomen Rudolf Meidner,

war einer der vielversprechendsten Wege, den die europäische Linke in der zweiten Hälfte des 20. Jahrhunderts nicht gegangen ist. Wäre er vollständig umgesetzt worden, hätte er innerhalb der Sozialdemokratie einen bedeutenden Wandel von der Einkommensumverteilung zur Vermögensumverteilung markieren können und damit die Weichen für einen Übergang zur Wirtschaftsdemokratie durch die allmähliche Sozialisierung der gesamten Großindustrie stellen können [Anm. d. Ü.].

10 Eine ausführlichere Darstellung meiner Vorschläge findet sich in den letzten vier Kapiteln meines Buches *Economic Justice and Democracy* (a.a.O.).

Erik Olin Wright

Schlussgedanken

In meinem letzten Beitrag zu diesem Dialog werde ich mich auf einige Punkte konzentrieren, in denen sich Robins Ansatz von meinem unterscheidet. Dass unser Dialog nicht auf scharfen Gegensätzen basiert, sollte klar geworden sein. Wo unsere Einschätzungen mal deutlich voneinander abweichen, handelt es sich doch nur um Meinungsverschiedenheiten bei dem immer noch gemeinsamen Vorhaben, über den Kapitalismus hinauszudenken. Unsere Übereinstimmungen sind also grundlegender als die Uneinigkeiten. Uns eint, was wir am Kapitalismus kritisieren, welche Werte wir in einer postkapitalistischen Gesellschaft verwirklicht sehen möchten, für welche progressiven Reformen innerhalb des Kapitalismus wir uns engagieren, die wir beide als notwendigen Teil einer (möglichen) Transformation über den Kapitalismus hinaus verstehen. Diese Gemeinsamkeiten vorausgesetzt, will ich hier nicht so sehr meine Positionen gegen Robins letzten Beitrag verteidigen. Vielmehr möchte ich eine Reihe von Themen, die wir in diesem Dialog diskutiert haben, wieder aufgreifen, um unsere verbleibenden Meinungsverschiedenheiten so genau wie möglich zu beschreiben.

Was ist an Märkten so schlimm?

Wie Robin zu Recht feststellt, urteilen wir unterschiedlich über die moralischen Implikationen von Märkten. Einig sind wir uns darin, dass *ungebremste* Märkte systematisch negative Folgen haben – vor allem negative externe Effekte, die Verschärfung von Ungleichheiten und Machtkonzentrationen. Und wir zeigen beide, dass diese potenziellen Schäden durch geeignete öffentliche Gegenmaßnahmen abgemildert oder verhindert werden können (wenn ich da wohl auch, was das Ausmaß betrifft, optimistischer bin als Robin). Ebenso sind wir beide der Meinung, dass die Probleme, die es mit Märkten als solchen gibt, im Kapitalismus noch verstärkt werden. Wo wir uns unterscheiden, ist in unserer Einschätzung, ob zusätzlich zu diesen *Nebeneffekten* Märkte *an sich* schädlich für eine demokratische, egalitäre Gesellschaft sind, besonders für den Wert der Solidarität. Für Robin zeichnet sich jede Markttransaktion dadurch aus, dass Käufer und Verkäufer einander zu übervorteilen versuchen – Märkte stimulieren Gier und Angst und untergraben Vertrauen und Solidarität. Er nennt Märkte »ein Krebsgeschwür für das sozialistische Projekt«, und schon eine »Prise Markt« sei wie eine »Prise Krebs«.

Das ist zweifellos eine sehr kraftvolle Metapher, um Märkte als inhärent schädlich zu charakterisieren, aber trifft sie wirklich zu?[1] Ist es wahr, dass Gier und Angst die inhärenten Antriebe von Akteur*innen sind, die in freiwilliger, ungesteuerter und dezentraler Übereinkunft Dinge produzieren und einander verkaufen? Fördert es notwendig unsoziales Verhalten, wenn erwachsene Akteur*innen beidseitig in Marktpraktiken einwilligen?

Eine andere Möglichkeit wäre es, Märkte als Krebserreger zu bezeichnen statt als Krebs selbst. In dieser Variante der Metapher birgt das Vorhandensein von Märkten einige Risiken, zum Beispiel die Förderung unsozialer Verhaltensweisen. Aber es ließe sich nicht ohne Weiteres behaupten, dass sich niemand für eine »Prise Risiko« entschiede, selbst wenn es sich um ein Krebsrisiko handelt. In einer seiner Analysen der partizipatorischen Planung behauptet Robin ja sogar, dass unter den Bedingungen von erreichter Gleichberechtigung und demokratischer Mitwirkung die Menschen in einer Gemeinschaft in der Lage sein sollten, sich für jedes beliebige Maß an Umweltverschmutzung zu entscheiden, solange sie von den Verursachern dafür angemessen entschädigt werden. Das ist ein so kritischer wie wertvoller Aspekt des iterativen Planungsprozesses zwischen Produzierenden und Betroffenen der externen Effekte der Produktion: Denn er zwingt die Produzierenden, die vollen sozialen Kosten ihrer Produktion zu berücksichtigen. Ich unterstütze diesen Aspekt von Robins Modell als Teil seines Einsatzes für den demokratischen Wert, dass Menschen an Entscheidungen in dem Ausmaß teilnehmen sollten, in dem sie von den Konsequenzen dieser Entscheidungen betroffen sind. Das impliziert jedoch, dass auch nichts merkwürdig daran ist, sich freiwillig für ein bestimmtes Krebsrisiko zu entscheiden (auch Umweltverschmutzung bringt dieses Risiko oft mit sich). Gerade wenn man berücksichtigt, welche Kompromisse Menschen auch sonst eingehen müssen zwischen Risiken und Dingen, die ihnen wichtig sind. Wenn Märkte dergestalt sind – nämlich Risiken mit sich zu bringen –, dann wäre es vernünftig, wenn Leute auch hierüber Entscheidungen treffen können.

Aber ist es angemessen, so über die Wirkungen von Märkten auf Motivationen und Werte nachzudenken? Oder sind Märkte, wie Robin es darstellt, tatsächlich selbst wie Krebs, fördert ihre Anwesenheit unweigerlich zersetzende, antisoziale Werte? Ich stimme mit dieser Diagnose nicht überein. Das Ausmaß, in dem Marktbeziehungen Angst und Gier als Antrieb beinhalten, scheint mir vielmehr höchst variabel, abhängig von den spezifischen kulturellen Formen und sozialen Beziehungen, in die diese Prozesse eingebettet sind. In der soziologischen Analyse von Märkten ist das ein Standardargument. Emile Durkheim spricht hier von den »außervertraglichen Elementen des Vertrags«, Karl Polanyi von der sozialen Einbettung von Märkten. Der Grundgedanke ist, dass Märkte immer in einem Umfeld internalisierter Normen und informeller sozialer Regulierung (sowie natürlich formaler rechtlicher Regulierung) existieren. Dieses Umfeld prägt die Erfahrungen der Menschen innerhalb des Marktaustausches, die Voraussetzungen, die sie in diesen Austausch mitbringen. In manchen Marktumgebungen gibt es ein hohes Maß an gegenseitigem Vertrauen ohne die allgegenwärtige Furcht und Angst, wie sie mit brutal wettbewerbsorientierten Märkten verbunden ist. Auf anderen Märkten wiederum ist die Austauschbeziehung durch den Aphorismus »Vorsicht Käufer« treffend charakterisiert.

Dieses Durkheim'sche Verständnis der normativen Dimension von Märkten ist der Art und Weise, wie Märkte typischerweise von Ökonom*innen verstanden werden, ziemlich fremd. Für die meisten Ökonom*innen sind die Marktakteure rein egoistische, rationale, kalkulierende Akteure. Soziolog*innen wiederum bezeichnen genau das traditionell als »untersozialisierte« Sicht auf den Menschen.[2] In einer Welt, in der die Menschen von wechselseitigen sozialen Beziehungen und normativen Verpflichtungen abgekoppelt sind, ist es vernünftig anzunehmen, dass Märkte antisoziale Motivationen und Praktiken verstärken und verbreiten. Aber ich sehe keinen plausiblen Grund, warum in einer Wirtschaft, die von partizipatorischen, demokratischen, egalitären Beziehungen und Werten bestimmt ist, die Co-Präsenz von Marktbeziehungen bei bestimmten ökonomischen Praktiken diese Eigenschaften haben sollte. Sie sind nicht den Marktprozessen als solchen, sondern nur den atomistischen, normativ nicht eingehegten Märkten der aktuellen Wirtschaftsmodelle immanent. In einer kapitalistischen Ökonomie – besonders in der neoliberalen Variante, in der Märkte in der Tat relativ losgelöst von gemeinschaftlichen Beziehungen sind, der Wettbewerb destruktiv ist und die kulturelle Prägung der Menschen manipulatives, egoistisches Verhalten fördert – verkörpern und fördern Märkte tatsächlich Gier und Angst. Aber das ist nichts, was der bloßen Existenz von Marktprozessen innewohnt, es liegt an der sozialen Form von Märkten im Kapitalismus.

Man gestatte mir einen nur leicht hinkenden Vergleich: Manche radikale Egalitarist*innen behaupten, dass Wettbewerb in Sport und Spiel als solcher Statushierarchien und antisolidarische Gefühle fördere. Spieler*innen in einer Sportart wollen gewinnen, und das bedeutet, einen »Gegner« zu »besiegen«. Gewinner sind besser als Verlierer. Aggressivität wird wertgeschätzt. Und so weiter. Andere halten dagegen, dass der Wettbewerb im Sport durch Normen wie Sportsgeist, Fair Play und Teamgeist reguliert werden könne und dass sich jegliche Statusungleichheiten, die durch den Wettbewerb erzeugt würden, auf eine Weise eindämmen ließen, die sie relativ harmlos machen würden. Vor allem, wenn mit dem Erfolg im Sport keine anderen Arten von Belohnungen – insbesondere Reichtum und Macht – verbunden seien, müsse normativ regulierter Wettkampfsport Gleichheit und Solidarität nicht zerstören.

Meiner Ansicht nach ist diese Frage vorerst nicht entschieden. Gut möglich, dass Wettbewerbssport letztlich immer verderblich ist, dass er sozusagen von Natur aus sozial schädliche Formen der Statusungleichheit fördert, unabhängig vom breiteren sozialen Kontext. Anti-Wettbewerbs-Aktivisten schufen in den 1970er Jahren eine Reihe von »neuen Spielen«, die auf kooperativen Werten beruhten, und einige davon waren tatsächlich ganz unterhaltsam, zumindest für manche Leute. Vielleicht werden die Menschen in einer postkapitalistischen Welt mit einer partizipatorischen Wirtschaft den Wettbewerbssport genauso aufgeben, wie Robin hofft, dass sie die Märkte komplett aufgeben werden. Aber ebenso ist möglich, dass im Kontext der kulturellen Formen, die sich in einer solchen Welt konsolidieren, die negativen Auswirkungen des Wettbewerbs im Sport minimal sein werden und der Wettkampfsport florieren wird, weil viele Menschen Spaß daran haben werden.

Spricht denn auch etwas *für* Märkte?

Auch wenn mein Argument, dass Märkte, verstanden als ungesteuerter, dezentralisierter, freiwilliger Austausch, nicht *per se* antisoziales Verhalten erzeugen, zutreffen sollte: Ich räume ein, dass sie dazu *neigen* können. Warum also sollte man nicht versuchen, alle sozialen Praktiken, die das Potenzial haben, solche Schäden anzurichten, vollständig abzuschaffen? Der einzige Grund, einen Raum für Marktprozesse zuzulassen, wäre, dass sie auch positive Werte fördern, die uns wichtig sind, und eine vollständige Abschaffung der Märkte dem schaden würde. Es gibt zwei solcher Aspekte: Märkte ermöglichen zweckdienliches und bequemes Handeln, und sie fördern die Risikobereitschaft.

Zweckdienlichkeit und Bequemlichkeit

Robin räumt ein, dass Menschen sich selbst in einer weitgehend demokratisch-partizipatorischen Wirtschaft in manchen Kontexten für die Nutzung von Märkten entscheiden könnten – aber wenn, dann weil es in diesen Fällen praktisch und bequem sei. Womit er impliziert, dass dieses Verhalten mit einer tieferen Hingabe an demokratisch-partizipatorische Prinzipien kontrastiert werden sollte. Die Verwendung eines Wortes wie »bequem« legt nahe, dass sich hier um eine Art Willensschwäche oder moralische Unbekümmertheit handelt. In der Tat, wenn Märkte wirklich ein Krebsgeschwür sind, wäre es ein Fehler, sich aus Bequemlichkeit für eine »Prise Markt« zu entscheiden. Aber wenn das Ausmaß von Gier und Angst, das Märkte erzeugen, davon abhängt, wie sie in andere soziale Institutionen eingebettet sind und auf welche Weise sie bestimmte der Gemeinschaft förderliche Normen verkörpern, dann könnten in einem weitgehend demokratisch-egalitären Wirtschaftssystem »Zweckdienlichkeit und Bequemlichkeit« tatsächlich für einen positiven Wert stehen, nach dem es vernünftig ist, dass die Menschen über Ausgleich und Kompromisse nachdenken.

Wie viel Zeit und Aufwand benötigt man, die eine Sache zu tun statt einer anderen? Zeit und Aufwand sind wertvoll, und daher kann es je nach Situation vernünftig sein, die praktische Machbarkeit gegen andere Werte abzuwägen. Wo sie sich signifikant steigern lässt, mag es sogar vernünftig sein, die gesamten sozialen Kosten der Produktion oder andere Aspekte der Ressourceneffizienz etwas niedriger zu gewichten. Robin ist recht zuversichtlich, dass eine reine partizipatorische Ökonomie, in der alle Aspekte des Wirtschaftens durch Planungsmechanismen abgewickelt würden, nicht viel Zeit und Mühe in Anspruch nehmen würde. Er glaubt daher nicht, dass es ein großer Komfortgewinn wäre, marktähnliche Prozesse im System zuzulassen. (Und, wie bereits erwähnt, glaubt er auch, dass es immer erhebliche Kosten geben würde, da Märkte wie Krebs seien und dies den partizipatorischen Prozess selbst zersetzen werde.) Mir fehlt Robins Zuversicht, dass partizipatorische Mechanismen so reibungslos funktionieren werden und dass der damit verbundene Aufwand minimal sein wird. Meine Erwartung ist daher, dass die Frage der Zweckdienlichkeit und Bequemlichkeit für die Menschen aus guten Gründen eine Rolle spielen wird, und das wird ihnen legitime Gründe liefern, sich für eine (oder wahrscheinlich mehr als nur eine) Prise Markt zu entscheiden.

Zwischen der zweckdienlichen Nutzung und der vollständigen Verbannung von Marktprozessen einen Kompromiss zu finden ist meiner Meinung nach ein wichtiger Punkt im iterativen Planungsprozess für Verbraucher*innen. Robin räumt ein, dass viele – vielleicht die meisten – Menschen nicht viel Zeit in die Planung ihres Konsums für das nächste Jahr investieren wollen werden. Sie werden nur sehr grobe Angaben darüber machen, was sie zu konsumieren gedenken, größtenteils basierend auf den Erfahrungen vom Vorjahr, und ganz sicher keine detaillierte Aufstellung spezifischer Produkte. Und warum? Weil sie dafür nicht die Zeit und die Energie aufwenden wollen. Sie entscheiden sich für die praktische, bequeme, zweckdienliche Lösung. Was, da stimme ich Robin zu, völlig in Ordnung ist. Aber die nachträglichen Anpassungen der ursprünglichen Zuteilungen werden dann wahrscheinlich ziemlich groß ausfallen, und – was noch wichtiger ist – sie können sehr ähnlich wie Marktanpassungen funktionieren, die sowohl Preise wie Produktionsmengen beeinflussen. Um aber solche Anpassungen zu vermeiden, müssten die Menschen sehr viel mehr Zeit in die sorgfältige Planung ihres zukünftigen Konsums investieren und dafür inakzeptabel viel »Zweckdienlichkeit und Bequemlichkeit« opfern. Ich werde diesen Kompromiss im Abschnitt über Hybride weiter unten ausführlicher diskutieren.

Risikobereitschaft

Ein weiterer Aspekt des Wirtschaftslebens, bei dem Menschen Marktprozessen einen Spielraum geben könnten, wären bestimmte Formen unternehmerischer Risikobereitschaft. In jedem partizipatorischen Prozess der Investitionsplanung wird es unweigerlich eine Reihe von Projekten geben, die abgelehnt werden. Das ist auch in Ordnung so. Aber es ist auch leicht vorstellbar, dass in diesem Fall Akteure, deren Vorschläge abgelehnt wurden, in der Lage sind, Kapital aus persönlichen Netzwerken oder persönlichen Ersparnissen zu mobilisieren – schließlich kann ein aufwandsbasiertes Einkommenssystem es sehr hart arbeitenden Menschen, besonders wenn sie Teil einer Gruppe sind, ermöglichen, über einen gewissen Zeitraum erhebliche Ersparnisse anzuhäufen. Die Frage ist dann, ob es diesen Leuten strikt verboten sein sollte, ein Projekt mit diesen »privaten« Ressourcen zu starten, ohne vorher die Erlaubnis des zuständigen Planungsrates einzuholen. Ich vermute, dass in einer weitgehend partizipatorischen Wirtschaft ein gewisser Spielraum für ungeplante Investitionsprozesse zugelassen wird. Eine Mischung aus Planung und Spontaneität wird alles in allem als vorteilhaft betrachtet werden gegenüber einem System, bei dem jedes wirtschaftliche Projekt den Standardplanungsprozess durchlaufen muss.

Die Bedeutung von Kompromissen

Ein gewisser Raum für demokratisch kontrollierte Märkte innerhalb einer partizipatorischen Wirtschaft kann daher sinnvoll sein, sofern man Kompromisse zwischen verschiedenen Werten zulässt. Solche Kompromisse als Teil des »Ziels« eines gesellschaftlichen Transformationsprozesses zu verstehen, bedeutet nicht, ein Ideal zu verwässern. Es bedeutet nur, dass das ideale Wirtschaftssystem eine Vielzahl von Werten verwirklichen sollte und dass die verschiedenen Werte manchmal in Spannung zueinander stehen. Es geht hier also nicht darum, dass es praktisch notwendig sei, während des Übergangs Unvollkommenheiten des Ideals zu tolerieren. Es geht um die bestmögliche institutionelle Konfiguration, um eine komplexe Gesamtheit teils widerstreitender Werte zu verwirklichen.

Robin wie auch ich befürworten den radikaldemokratischen Wert, dass Menschen an Entscheidungen in dem Maße teilnehmen sollten, wie sie von ihnen betroffen sind. Wenn eine Entscheidung allein mich selbst betrifft, dann kann ich sie autonom treffen, ohne dass jemand anderes daran beteiligt ist; wenn eine Entscheidung aber auch andere Menschen betrifft, dann sollten diese in dem Maße an ihr beteiligt sein, in dem *sie betroffen sind.* Das ist das richtige Prinzip. Die Frage ist dann, wie genau wir es bei der Umsetzung mit den praktischen Kompromissen nehmen sollten. In der Realität hat fast alles, was wir tun, Auswirkungen auf andere, sodass es unmöglich ist, tatsächlich jeden, der von einer Entscheidung betroffen ist, in einem angemessenen Umfang an ihr zu beteiligen. Die Konsequenz ist, eine Art Demarkationslinie zwischen dem öffentlichen und dem privaten Bereich der Entscheidungsfindung zu ziehen: Innerhalb des privaten Bereichs, wie auch immer er definiert wird, muss man von niemandem die Erlaubnis einholen, Entscheidungen zu treffen. Diese Grenze ist natürlich nicht präsozial, nicht »natürlich«. Sie ist sozial konstruiert, und in einer demokratischen Gesellschaft wird sie durch demokratische Beratungen konstruiert. Aber einmal geschaffen, definiert sie die Grenzen der gemeinschaftlichen, demokratischen Entscheidungsfindung.

Nun könnte man diese Abgrenzung von öffentlich und privat einfach als ein praktisches Zugeständnis an die Komplexität des Lebens betrachten. Man könnte aber auch der Ansicht sein, dass wir, selbst wenn wir auf magische Weise jeden in jede Entscheidung, die Auswirkungen auf ihn hat, einbeziehen *könnten*, das nicht wollen würden. Individuelle, selbstbestimmte Autonomie ist ebenfalls ein Wert, und eine vollständige Umsetzung des demokratischen Verhältnismäßigkeitsprinzips würde eine zu starke Einschränkung der Autonomie bedeuten.

Selbstverständlich hat die Frage, wie viel autonome Selbstbestimmung wünschenswert ist, viel Streitpotenzial. Manche Menschen können sich beispielsweise durch bestimmte Plakate gestört fühlen. Die Botschaften mögen für die eine Gruppe anstößig sein, für eine andere wiederum nicht. Sollte jeder, der von einem solchen Plakat negativ berührt ist, ein verhältnismäßiges Mitspracherecht haben, ob es aufgehängt werden darf? Oder schätzen wir die Autonomie der individuellen Meinungsäußerung und wollen den Menschen, die Plakate aufhängen, einen relativ großen Spielraum lassen, um ihre Ansichten auszudrücken? Das sind schwierige Fragen, die sich nicht einfach dadurch lösen lassen, dass man sich auf eine Regel beruft, nach der demokratische Werte nicht verhandelbar sind.

Solange wir versuchen, mehrere Werte und Ideale zu verwirklichen, ist es unerlässlich, bei der Gestaltung jedweder sozialen Institution über Kompromisse dieser Art nachzudenken. Für ökonomische Institutionen sind Demokratie, Solidarität und Gleichheit entscheidende Werte, aber eben auch Zweckdienlichkeit und die Möglichkeit der autonomen Eigeninitiative. Der bestmögliche Kompromiss zwischen diesen Werten erfordert innerhalb einer partizipatorischen Wirtschaft wahrscheinlich einen gewissen Spielraum für Marktprozesse.

Das Problem der Hybride

Selbst wenn wir eine partizipatorische Wirtschaft vollständig eingerichtet hätten, könnten wir, so mein Standpunkt, nicht wissen, welches Gewicht die Anpassungsprozesse bei der Umsetzung der Pläne tatsächlich haben werden. Robin räumt ein, dass es viele Anpassungen geben wird, geht aber davon aus, dass sie im Verhältnis zu den geplanten Allokationen relativ klein ausfallen werden. Somit gebe es als Ganzes tatsächlich ein geplantes System von Allokationen mit geringfügigen Anpassungen, kein geplantes System, das lebendige, marktähnliche Prozesse erzwingt: Nur weil es äußerlich einer Marktwirtschaft ähnele, handele es sich nicht um einen Markt in irgendeinem sinnvollen Sinne.

Einer Marktwirtschaft ähnlich, aber nicht »wirklich« ein Markt? Das ist ein Schlüsselproblem, passend zu meiner These, dass alle realen Wirtschaftssysteme Hybride aus verschiedenen Prinzipien sind. Selbstverständlich sind marktähnliche Anpassungen innerhalb einer partizipatorischen Planung nicht dasselbe wie ein »Marktsystem« oder ein »freier Markt«. Aber diese Marktprozesse könnten dennoch eine entscheidende Rolle bei der Koordinierung der tatsächlichen Produktion spielen: durch Rückkopplungsprozesse, die auf Angebot und Nachfrage basieren, zu Preiserhöhungen und Produktionssteigerungen und -verlagerungen führen, als Reaktion auf das, was die Menschen tatsächlich tun statt auf das, was sie vorhersagen.

Im Kern meiner Diagnose, dass sogar in Robins Modell einer partizipatorischen Wirtschaft wirkliche Marktprozesse eindringen, steht die These, dass die Anpassungen, besonders wenn sie umfassend sind, faktisch eine Variante eines hybriden Marktprozesses sind. Robin weist dieses Argument zurück. Am Beispiel der »lederfreien, lilafarbenen High Heels mit gelber Spitze in Größe 37« beschreibt er die Einstellung der tatsächlichen Produktion auf die richtige Anzahl an Exemplaren als einen Prozess nicht-marktartiger Anpassungen.

Meine Position ist nun nicht, dass die Einführung eines ausgewachsenen, autonomen »Marktsystems« in die Wirtschaft erforderlich sei, sondern vielmehr, dass diese effektiven Anpassungsprozesse wahrscheinlich stark marktähnliche Merkmale haben werden, da »sich Käufer und Verkäufer von Waren und Dienstleistungen darauf einigen, Dinge zu einem gegenseitig vereinbarten Preis auszutauschen«. Die tatsächlichen Tauschvorgänge, die sich aus diesem Prozess ergeben – im Gegensatz zu den erwarteten Plänen –, würden als Daten wiederum in laufende Entscheidungen darüber einfließen, wie viel von verschiedenen Dingen produziert werden soll. Das ist ein echter Rückkopplungsprozess, der in die nach der Planung stattfindenden, ungesteuerten

Interaktionen von Käufer- und Verkäufer*innen und die aus diesen Interaktionen entstehenden Anpassungen eingebettet ist. Diese signifikanten marktähnlichen Anpassungen würden wiederum systematisch den nächsten Jahreszyklus des iterativen Planungsprozesses beeinflussen.

Robin schließt die Diskussion mit der Feststellung ab, all die Kritik an seinem Modell habe nichts damit zu tun, wie man überhaupt zu einem umfassenden Wirtschaftsplan komme – »was das Problem war, um das es ursprünglich ging«. Damit könnte er recht haben, sofern die Anpassungen an den umfassenden Plan, der aus dem iterativen partizipatorischen Planungsprozess hervorgeht, gering sind. Dieser ursprüngliche Plan wird eben eine bestimmte Anzahl lederfreier, lilafarbener High Heels mit gelber Spitze in Größe 37 enthalten, und vielleicht kommt sie dem, was die Leute wollen, ziemlich nahe. Aber wenn die Anpassungen gravierend sind und sich die tatsächlichen Ressourcenallokationen in der Folge erheblich verschieben, dann ähneln diese Angebots- und Nachfrage-Rückkopplungsprozesse und Anpassungen nicht nur äußerlich einem Markt, sondern haben den Charakter tatsächlicher Marktprozesse. Am Ende bedeutet dies, dass der Planungsprozess selbst in Wirklichkeit nicht *umfas-*

send, sondern eher lose konstruiert ist. Er ist eine Mischform aus Planung und Markt, nicht eines von beiden in Reinform. Ich sehe darin kein Problem, weil ich nicht glaube, dass dies per se schädliche, unsoziale Effekte nach sich zieht.

Mathematische Modelle komplexer Systeme

Einer der interessanten roten Fäden, die sich durch unseren Dialog zogen, ist der Kontrast zwischen den Methoden, mit denen Robin und ich uns jeweils Alternativen zum Kapitalismus vorstellen. Robin hat ein ausgeklügeltes Modell eines möglichen zukünftigen Wirtschaftssystems entwickelt. Im Kern beruht es seinerseits auf formalen mathematischen Modellen, in denen auf verschiedene Weise konsistente Ergebnisse demonstriert werden können, wenn die Annahmen des Modells, auch was das Verhalten der Akteure betrifft, zugrunde gelegt werden. In unserem Dialog haben diese formalen Modelle nicht direkt eine Rolle gespielt, doch bilden sie die Grundlage für Robins Überzeugung, dass die von ihm vorgeschlagenen Verfahren der iterativen partizipatorischen Planung konsistente Preise hervorbringen werden, die die sozialen Kosten wie die erforderliche Ressourcenallokation vollständig abbilden. Mein Ansatz bestand darin, die normativen Prinzipien herauszuarbeiten, die wir in idealen ökonomischen Institutionen verkörpert sehen wollen, und dann eine Vielzahl ganz unterschiedlicher institutioneller Formen zu erkunden, die helfen könnten, diese Werte zu verwirklichen. Dabei verzichtete ich darauf, ein Modell eines übergreifenden, einheitlichen Systems zu postulieren, in dem diese verschiedenen institutionellen Arrangements zusammenpassen und nahtlos funktionieren würden.

Robin unterstützt viele der spezifischen Vorschläge, die ich in meiner Darstellung des Sozialismus und der realen Utopien unterbreite. Meinen pluralistischen Ansatz kritisiert er jedoch. In der Übergangsphase hält er einen institutionellen Pluralismus zwar für notwendig und sogar wertvoll – als *Ziel* jedoch nicht. Robins Ansicht nach unterschätze ich, »wie nützlich die genaue Ausarbeitung zukünftiger Wirtschaftssysteme sein kann«.

Ich stimme völlig zu, dass es nützlich ist, formale mathematische Modelle zu entwickeln und sie in Diskussionen über gesellschaftliche Transformation einzusetzen. Sie verdeutlichen die Logik von Ideen und die Implikationen verschiedener Gestaltungsmerkmale, machen uns auf mögliche Probleme aufmerksam. Sie sind ein wichtiger Teil der intellektuellen Landkarte, mittels derer wir uns Alternativen vorstellen. So wie ich dafür plädiere, Wirtschaftssysteme als Ökosysteme zu betrachten, die qualitativ unterschiedliche Organisationsformen kombinieren, so glaube ich, dass das für eine emanzipatorische Theorie bestmögliche intellektuelle Ökosystem eine große Vielfalt unterschiedlicher Formen theoretischer und empirischer Arbeit enthalten sollte.

Ich glaube aber auch, dass zu viel Vertrauen in formale Modelle zu dem Glauben führen kann, die Komplexität und Dynamik der tatsächlichen Welt würde die vorhergesagte Reibungslosigkeit des Modells nicht ernsthaft untergraben. Menschen, die wirklich versiert darin sind, formale mathematische Modelle gesellschaftlicher Prozesse zu entwerfen, neigen oft dazu, die Komplexität der realen Welt als ein störendes Rauschen zu behandeln statt als Problem, das die erwarteten Ergebnisse potenziell ernsthaft unterminieren könnte. Sollten Menschen eines Tages in der Lage sein, ein emanzipatorisches Wirtschaftssystem nach dem Vorbild der partizipatorischen Planung einzuführen, ist völlig offen, welche Probleme sich ihnen stellen werden – ob es sich nur um kleine Macken handelt, die Anpassungen in der praktischen Umsetzung erfordern, oder ob um grundlegendere Fragen. Vermutlich lässt sich nicht einmal erahnen, wie aus der Komplexität des Systems heraus der bestmögliche Weg zur Bewältigung der auftretenden Probleme gestaltet wird.

Robin räumt ein, dass es viele Experimente und Modifikationen der Ideen geben wird, die er in seinem Modell vorschlägt. Er behauptet nicht, sein iterativer Planungsprozess mit Moderationsgremium und verschiedenen Räten sei schon ein vollständiger Entwurf für eine alternative Wirtschaft. Das spezifische Design dieser Institutionen wird sich aus einem ausgedehnten Prozess des demokratischen Experimentierens ergeben. Aber Robin ist ziemlich zuversichtlich – zu zuversichtlich, wie mir scheint –, dass es in der institutionellen Konfiguration einer demokratischen, egalitären, kooperativen Wirtschaft keine Notwendigkeit für Märkte geben wird. Er glaubt das vermutlich, weil seine Gleichungen zeigen, dass es so ist. Es ist dieses starke Vertrauen in die aus formalen Modellen abgeleiteten Schlussfolgerungen, bei dem wir nicht übereinstimmen.

Brauchen wir einen Bruch mit dem System?

Über viele Aspekte des Transformationsprozesses haben Robin und ich ähnliche Ansichten. Uns eint vor allem unser engagierter Kampf um progressive

Reformen, die das Leben der Menschen verbessern, aber auch den Weg für einen radikaleren Wandel in der Zukunft ebnen können. Robin anerkennt auch die Bedeutung die von mir so genannten interstitiellen und symbiotischen Strategien und Transformationen als eine Möglichkeit, über solche Reformprozesse nachzudenken.

Wo wir uns vielleicht unterscheiden, ist in unserer Haltung zu der Frage, ob zu irgendeinem zukünftigen Zeitpunkt ein Bruch auf Systemebene notwendig sein könnte und ob er, falls ja, tatsächlich möglich wäre. Robin äußerte sich im seinem letzten Beitrag »enttäuscht« von meiner These, es gehe nicht um einen Bruch, sondern darum, dem Zusammenspiel interstitieller und symbiotischer Strategien mehr Raum zu verschaffen. Seiner Ansicht nach muss der systemische Bruch mit der kapitalistischen Dominanz früher oder später erfolgen und die institutionelle Grundlage für die Dominanz des privatwirtschaftlichen Marktsystems abgeschafft werden: »Wenn der entscheidende Moment kommt, besiegt man den Feind entweder und entwaffnet ihn, um einen erneuten Kriegsausbruch zu verhindern – oder man versäumt es. […] Warum sollten wir, wenn wir die Chance haben, zögern, den Pflock ins Herz des Vampirs stoßen?«

Zweifellos gibt es Situationen, in denen progressive Reformen völlig blockiert sind. Robin hat recht, dass eine Reformstrategie zwischen der Möglichkeit qualitativer Veränderung und der Stabilisierung des Status quo manchmal nicht weiterweiß. Aber daraus folgt selbstverständlich nicht, dass Systembrüche tatsächlich möglich sind, dass sie mit ihrem erklärten Ziel, die institutionelle Basis für die Dominanz des Kapitalismus *abzuschaffen,* Erfolg haben können. Systembruchstrategien sind in diesen Situationen eher Wunschdenken als echte Antworten auf die Frage »Was ist zu tun?«. Es ist eine Sache zu sagen, dass die Entmachtung einer politischen Diktatur es ermöglichen würde, die Institutionen des Staates demokratisch zu transformieren. Etwas ganz anderes ist es zu behaupten, durch eine solche Machtübernahme ließe sich etwas so Komplexes wie der Kapitalismus sowohl erfolgreich abschaffen als auch durch eine partizipatorische demokratische Alternative ersetzen. Ich habe keine Lösung für das Problem, was getan werden sollte, wenn ein schrittweiser sozialer Fortschritt unmöglich wird, aber ich bleibe skeptisch, dass ein Systembruch, bei dem der Kapitalismus effektiv abgeschafft wird, zu einer emanzipatorischen Alternative führen könnte.

Den Pflock ins Herz des Vampirs stoßen? Eine schwer irreführende Metapher, suggeriert sie doch, es gebe ein einziges Zentrum der Macht, durch dessen Zerschlagung das Haupthindernis für die Transformation effektiv beseitigt wäre. Genau so haben sich das Revolutionäre natürlich oft vorgestellt: die Staatsmacht ergreifen, den Feind schlagen und den Weg frei machen für den Aufbau einer neuen Gesellschaft auf der Asche der alten. In einem Land wie den heutigen USA halten Robin und ich dies beide für eine unrealistische Strategie – aber ist es wahrscheinlich, dass dies *jemals* eine plausible Strategie zur Schaffung einer radikal egalitären, demokratischen Wirtschaft und Gesellschaft sein wird? Die historischen Beispiele sprechen dagegen. Revolutionäre Brüche haben es ermöglicht, die Staatsmacht zu transformieren und in einigen wenigen bemerkenswerten Fällen auch die zentralen Klassenbeziehungen bestehender Wirtschaftssysteme abzuschaffen. Aber bisher haben sie kein Potenzial gezeigt, auch nur die Rudimente demokratischer, egalitärer, emanzipatorischer Alternativen aufzubauen.

Robin beruft sich auf den Fall Schwedens im Jahr 1975, als die Sozialdemokraten angesichts des starken Widerstands des schwedischen Kapitals von ihrem eigenen Plan wieder abrückten, das Eigentum an großen Unternehmen schrittweise durch eine neue Art von Lohnempfängerfonds zu demokratisieren. Robin benutzt ein militärisches Bild zur Beschreibung der Situation: »Wenn der entscheidende Moment kommt, besiegt man den Feind entweder und entwaffnet ihn, um einen erneuten Kriegsausbruch zu verhindern – oder man versäumt es.« Das scheint mir schlicht nicht die richtige Art zu sein, diese Situation zu erfassen. Ich stimme Robin zu, dass die schwedische Sozialdemokratie möglicherweise in der Lage gewesen wäre, ihren Plan für Lohnempfängerfonds durchzusetzen, wäre sie bereit gewesen, dem Kapital frontal die Stirn zu bieten. Indes erscheint mir unwahrscheinlich, dass es ihr auch gelungen wäre, »die institutionelle Grundlage für die Dominanz des privatwirtschaftlichen Marktsystems« abzuschaffen. Man hätte höchstens auf eine Verschiebung der Machtverhältnisse innerhalb des »wirtschaftlichen Ökosystems« hoffen können, mit einem etwas weniger dominanten Kapitalismus, der möglicherweise sogar demokratischer organisierten Wirtschaftsformen untergeordnet gewesen wäre.

Zwei grundlegende Fragen muss sich das Systembruch-Argument also stellen: Unter welchen Bedingungen wäre es möglich, etwas so Komplexes wie die institutionelle Basis des Kapitalismus wirklich *abzuschaffen*? Und unter welchen Bedingungen würde das tatsächlich zu einer demokratischen, egalitären Alternative führen? Wir wissen aus historischer Erfahrung, dass es möglich ist, das privatwirtschaftliche Marktsystem zu zerstören, ohne eine demokratische egalitäre Alternative zu schaffen. Unklar ist, ob unter anderen, historisch noch nicht angetroffenen Bedingungen ein solch rupturaler Angriff auf den Kapitalismus wirklich emanzipatorische Ergebnisse haben könnte.

Ein erfolgreicher Systembruch könnte meiner Einschätzung nach nur unter einer Bedingung zu einer emanzipatorischen Alternative führen: dass sich das hybride ökonomische Ökosystem bereits in eines verwandelt hat, in dem partizipatorische, demokratische, egalitäre Wirtschaftsbeziehungen zum Kern der Ökonomie geworden sind.[3] Wenn interstitielle und symbiotische Strategien die Wirtschaft über einen längeren Zeitraum hinweg auf diese Weise transformiert hätten, dann wären die Aufgaben des Institutionenaufbaus nach einem Bruch ziemlich bescheiden, das durch den Bruch entfesselte Chaos möglicherweise überschaubar. Gegen dieses Szenario scheint jedoch Robins Skepsis zu sprechen, dass antikapitalistische, egalitäre und kooperative Wirtschaftsprozesse jemals eine solche Schwelle erreichen könnten, solange der Kapitalismus ein mächtiger Bestandteil des Wirtschaftssystems bleibt. Die Schlussfolgerung wäre also, dass a) ein erfolgreicher Bruch mit dem Kapitalismus, bei dem das privatwirtschaftliche Marktsystem abgeschafft und eine partizipatorische Ökonomie etabliert wird, nur möglich ist, wenn Letztere bereits eine annähernde Dominanz innerhalb des ökonomischen Ökosystems erreicht hat – dass aber b) eine partizipatorische Ökonomie diese Entwicklungsstufe nicht erreichen kann, solange der Kapitalismus dominant ist. Es mag also durchaus zutreffen, dass der Inkrementalismus keine Antwort auf das Problem hat, wie sich die Barrieren für die Transformation überwinden lassen. Leider gilt das Gleiche aber auch für Systembruch-Strategien: Sie haben keine Antwort auf die Frage, wie sich nach einem Bruch tatsächlich eine demokratische, egalitäre Wirtschaft und Gesellschaft voranbringen lässt.

Fazit

Was folgt aus alledem für uns? Entscheidend für ein politisches Projekt der emanzipatorischen Transformation ist es, eine Reihe praktikabler, erreichbarer Ziele vor Augen zu haben, die das Leben der Menschen in der Welt, wie sie ist, besser machen – und die mit der Vision einer grundlegend anderen Art von Wirtschaft und Gesellschaft verbunden sind. Ein strategisches Szenario für die gesamte Wegstrecke vorliegen zu haben ist viel weniger wichtig. In den strategischen Kernfragen sind Robin und ich uns weitgehend einig. Wir sind beide der Meinung, dass eine andere Welt möglich ist – eine Welt, in der die Menschen einen weitaus gleichberechtigteren Zugang zu den Bedingungen für ein gedeihliches Leben haben als im Kapitalismus. Und weitaus befähigter sein werden, die Bedingungen ihres eigenen Lebens durch partizipatorische Prozesse direkt zu gestalten. Wir sind ebenso beide der Meinung, dass bereits jetzt viel getan werden kann, um den Schaden, den die Dominanz des Kapitalismus im Leben der Menschen verursacht, zu mindern. Und dass einiges, was wir tun können, auch schon diese alternative Welt vorwegnimmt.

Dennoch gibt es einige echte Unterschiede in unseren Ansichten – in der Frage, welche Rolle Märkte am gewünschten Ziel spielen werden, im Grad unserer Zuversicht, ob sich die Dilemmata und nötigen Kompromisse, die selbst in der von uns gewünschten idealen Welt existieren werden, tatsächlich vorhersehen lassen, und vielleicht auch in der Frage, ob ab einem bestimmten Punkt ein systemischer Bruch notwendig ist. Diese Unterschiede werden am Ende aber womöglich fast keine praktischen Auswirkungen haben. Ich vermute, dass der Zeitpunkt, zu dem sich in den entwickelten kapitalistischen Ländern die Gelegenheit zum Versuch eines systemischen Bruchs mit dem Kapitalismus bietet, sehr weit in der Zukunft liegt. Noch mehr Zeit dürfte ins Land gehen, bis die Frage, ob Märkte abgeschafft werden sollten oder nicht, auf der politischen Agenda irgendeiner demokratischen Gesellschaft stehen wird. Aber ich bezweifle auch, dass Überzeugungen davon, welche Entscheidungen unter künftigen Bedingungen getroffen werden sollten, die Entscheidungen über heutige Strategien und Initiativen stark beeinflussen. In diesem Sinne denke ich, dass wir uns heute vor allem darüber im Klaren sein müssen, worauf wir mit der Kritik am Kapitalismus hinauswollen und welche Werte dem zugrunde liegen. In wie viel größerem Ausmaß wir diese Werte in alternativen ökonomischen Institutionen verwirklichen könnten. Und welche praktischen Initiativen wir heute ergreifen können, um uns in diese Richtung zu bewegen.

Anmerkungen

1 Robins Co-Autor bei der Entwicklung des Modells der partizipatorischen Ökonomie, Michael Albert, verwendet eine noch provokantere Metapher: »Ein bisschen Marktwirtschaft in einer Parecon, das ist noch schlimmer als ein bisschen Sklaverei in einer Demokratie. Die Marktlogik sucht alles und jedes zu beherrschen, doch sie und die Logik der partizipatorischen Planung schließen einander aus.« In: Michael Albert: Parecon. Leben nach dem Kapitalismus. Frankfurt/M. 2006, S. 268.

2 Mark Granovette stellt diese charakteristische »untersozialisierte Sicht des Menschen« in der Ökonomie einer »übersozialisierten Sicht des Menschen« in weiten Teilen der Soziologie gegenüber. Während Erstere den Menschen als atomistischen, selbstgesteuerten, rationalen Akteur versteht, betrachtet ihn Letztere als einen, der einem von der Kultur auferlegten Skript folgt. Granovetter selbst schlägt die vermittelnde These eines sozial eingebetteten wirtschaftlichen Handelns vor. Mark Granovetter: »Economic Action and Social Structure: The Problem of Embeddedness«. In: The American Journal of Sociology, 91, 3, November 1985, S. 481–510.

3 Das ist – vereinfacht gesagt – die Art und Weise, wie der Kapitalismus den Feudalismus ablöste: Proto-kapitalistische Wirtschaftsprozesse waren zu dem Zeitpunkt, als die feudalen Machtzentren faktisch abgeschafft wurden, bereits zum dynamischen Kern der Ökonomie geworden.

Über die Autoren

Robin Hahnel, geb. 1946, ist Professor für Ökonomie an der Portland State University, Oregon. Politisch aktiv in sozialen Bewegungen seit den Protesten gegen den Vietnamkrieg. Zusammen mit Michael Albert hat er das Modell der »Participatory economics« (Parecon) entworfen. Jüngste Publikationen: »ABC's of Political Economy« (2003); »Economic Justice and Democracy: From Competition to Cooperation« (2005); »Green Economics« (2011); »Of the people, By the people – The Case for a Participatory Economy« (2012); »Radical Political Economy: Sraffa versus Marx« (2017).

Erik Olin Wright (1947–2019) war Professor für Soziologie an der University of Wisconsin und Herausgeber der Reihe »Real Utopias Project Series«. Zahlreiche Arbeiten zur Klassentheorie. Publikationen u.a.: »Interrogating Inequality« (1994); »Class Counts: Comparative Studies in Class Analysis« (1997); »Deepening Democracy: Institutional Innovations in Empowered Participatory Governance« (mit Archon Fung, 2003); »Envisioning Real Utopias« (2010; dt: »Reale Utopien. Wege aus dem Kapitalismus«, 2017); »American Society: How It Really Works (mit Joel Rogers, 2011); »Understanding Class« (2015); »How to Be an Anticapitalist in the Twenty-First Century« (2019).